Le Combat spirituel

Le livre référence de saint François de Sales

Lorenzo Scupoli

Traduction par le
Père Jean Brignon

Alicia Éditions

*Nul ne sera couronné,
s'il n'a pas vaillamment combattu.*

— 2 Tim. II 5

Table des matières

Avertissement du Père Jean Brigon ... 13
Avant-Propos ... 19
1. En quoi consiste la perfection chrétienne ; qu'il faut combattre pour l'acquérir ; et de quatre choses nécessaires en ce combat. ... 21
2. De la défiance de nous-mêmes. ... 29
3. De la confiance en Dieu. ... 33
4. Des signes par lesquels on peut reconnaître si l'on a la défiance de soi-même et la confiance en Dieu. ... 37
5. De l'erreur qui fait prendre à plusieurs la pusillanimité pour une vertu. ... 39
6. De quelques avis utiles pour acquérir la défiance de soi-même et la confiance en Dieu. ... 41
7. Un bon usage des puissances et premièrement qu'il faut tenir l'intelligence en garde contre l'ignorance et la curiosité. ... 44
8. Des obstacles à la juste appréciation des choses et du moyen de les bien connaître. ... 47

9. D'un autre défaut à éviter pour bien juger de ce qui nous est utile. 50
10. De l'exercice de la volonté, et de la fin que nous devons nous proposer dans toutes nos actions, tant les extérieures que les intérieures. 54
11. De quelques considérations qui peuvent porter notre volonté à se conformer en tout au bon plaisir de Dieu. 61
12. Des différentes volontés de l'homme et de la guerre qu'elles se font entre elles. 63
13. De quelle manière il faut combattre la sensualité, et quels actes la volonté doit produire pour acquérir les habitudes des vertus. 68
14. De la conduite à tenir quand la volonté semble vaincue et dominée par l'appétit sensitif. 76
15. Quelques avis touchant la manière de combattre, et spécialement contre qui et avec quel courage il faut le faire. 80
16. Comment le soldat de Jésus-Christ doit se mettre en campagne dès le matin. 83
17. De l'ordre à suivre dans la lutte que nous avons à soutenir contre nos passions. 87

18. De quelle manière il faut combattre les mouvements soudains des passions. 89
19. Comment il faut combattre le vice de l'impureté. 92
20. Des moyens à prendre pour combattre la négligence. 101
21. De la manière de gouverner les sens extérieurs et comment on peut les faire servir à la contemplation des choses divines. 108
22. Comment les choses extérieures peuvent nous aider à régler nos sens et à passer à la méditation des mystères de la vie et de la passion du Verbe incarné. 113
23. De quelques autres moyens de régler nos sens selon les diverses circonstances qui se présentent. 116
24. De la manière de régler sa langue. 124
25. Que pour bien combattre les ennemis, le soldat du Christ doit éviter avec tout le soin possible ce qui est de nature à troubler la paix de son cœur. 128
26. De ce que nous avons à faire quand nous nous sentons blessés. 134
27. Comment le démon a coutume de tenter et de séduire ceux qui veulent s'adonner à la vertu, et ceux qui vivent dans l'esclavage du péché. 138

28. De la conduite du démon à l'égard de ceux qu'il tient dans l'esclavage du péché. 140

29. Des artifices que le démon emploie pour retenir dans ses liens ceux qui connaissent leur mauvais état et cherchent à en sortir ; et pourquoi nos bons propos demeurent souvent sans exécution. 142

30. Comment le démon persuade à plusieurs qu'ils avancent dans la voie de la perfection. 146

31. Des artifices qu'emploie le démon pour nous faire quitter le chemin de la vertu. 149

32. Du dernier assaut du démon et de l'artifice auquel il a recours pour faire de la vertu même une occasion de ruine. 155

33. Quelques avis pour surmonter les passions mauvaises et pour avancer dans la vertu. 165

34. Qu'il faut acquérir les vertus peu à peu, en s'y exerçant graduellement et sans vouloir les pratiquer toutes à la fois. 170

35. Des moyens d'acquérir les vertus, et comment nous devons nous appliquer à la même vertu durant un certain espace de temps. 173

36. Que l'exercice de la vertu exige une application constante. 177
37. Que la nécessité où nous sommes de nous exercer sans cesse à la pratique des vertus nous oblige à profiter, pour les acquérir, de toutes les occasions qui se présentent. 180
38. Que l'on doit rechercher les occasions de pratiquer la vertu, et les accueillir avec d'autant plus de joie qu'elles offrent plus de difficultés. 183
39. Comment nous pouvons faire servir des occasions diverses à l'exercice d'une même vertu. 187
40. Du temps que nous devons consacrer à l'exercice de chaque vertu, et des marques de notre avancement spirituel. 190
41. Que nous ne devons pas souhaiter d'être délivrés des afflictions que nous endurons patiemment ; et de la manière de régler tous nos désirs. 193
42. Comment on doit se défendre des artifices du démon quand il nous inspire des dévotions indiscrètes. 196
43. Combien nos penchants mauvais et les suggestions du démon ont de force pour nous pousser à juger témérairement du prochain, et de quelle manière nous devons résister à cette tentation. 200

44. De L'oraison. 205
45. Ce qu'est l'oraison mentale. 212
46. De l'oraison qui se fait voie de méditation. 215
47. D'une autre manière de prier par voie de méditation. 218
48. Comment nous pouvons méditer en prenant pour sujet de méditation la bienheureuse Vierge Marie. 220
49. De quelques considérations qui doivent nous engager à recourir avec foi et confiance à la Vierge Marie. 223
50. Comment nous pouvons dans l'oraison nous aider du secours et de l'intermédiaire des Anges et des Saints. 226
51. Des diverses affections que nous pouvons tirer de la passion de Jésus-Christ. 230
52. Des fruits que nous pouvons retirer de la méditation de Jésus crucifié, et de l'imitation de ses vertus. 238
53. De l'adorable Sacrement de l'Eucharistie. 244
54. De la manière de recevoir le très saint Sacrement de l'Eucharistie. 246
55. Comment nous devons nous préparer à la communion, si nous voulons qu'elle nous excite à l'amour de Dieu. 251
56. De la communion spirituelle. 260

57. De l'action de grâces. 263
58. De l'offrande de soi-même à Dieu. 265
59. La dévotion sensible et la sécheresse spirituelle. 269
60. De l'examen de conscience. 277
61. Comment nous devons persévérer dans la lutte et combattre jusqu'à la mort. 279
62. De la résistance à opposer aux ennemis qui nous attaquent, au moment de la mort. 282
63. Des quatre assauts que nos ennemis nous livrent à l'heure de la mort, et premièrement de la tentation contre la foi et de la manière d'y résister. 284
64. De l'assaut du désespoir et de la manière de s'en défendre. 287
65. De l'assaut de la vaine gloire. 289
66. De l'assaut des illusions et des fausses apparences, à l'article de la mort. 291

Avertissement du Père Jean Brigon

Le Combat spirituel est un de ces ouvrages dont le nom seul fait l'éloge. Il contient en abrégé tout ce qui regarde la vie intérieure. C'est un précis des grandes maximes de l'Evangile ; surtout de celles qui sont sur le mépris et à l'abnégation de soi-même. On ne le peut lire, qu'on n'en soit édifié : quiconque saura s'en servir, deviendra bientôt un homme spirituel, et apprendra en peu de temps à se détacher des créatures pour s'attacher au Créateur.

J'en pourrais produire assez d'exemples : mais je me contente de celui de S. François de Sales, qui pendant près de vingt ans, porta ce petit Livre sur soi, et qui à force de le lire, parvint à une sublime perfection. Il l'appelait son Directeur, et en recommandait souvent la lecture à toutes les personnes dont il gouvernait la conscience. Il ne l'estimait pas moins que le Livre de l'Imitation de Jésus-Christ : il lui donnait même la préférence en quelque chose ; parce qu'encore que ces deux ouvrages aient le même but, qui est de porter les âmes à un parfait détachement de tout ce qui n'est pas Dieu, la manière en est différente. L'Imitation de Jésus-Christ est un tissu de plusieurs sentences qui n'ont pas toujours trop de liaison entre elles ; mais le combat spirituel a des discours suivis, et traite à fond les matières. Quoiqu'il en soit, il avait souvent entre les mains, et ne passait pas de jour qu'il n'en lût quelque chapitre ou quelque page. Aussi l'on peut dire, qu'il s'est étudié tant qu'il a vécu, à en prendre l'esprit, qu'il en tirait les règles, dont il s'est toujours servi pour acquérir cet Empire si absolu qu'il avait sur ces passions, sur tous les mouvements de son cœur.

    Le mérite et la réputation d'un Livre universellement estimé, ont donné occasion à une dispute, qui dure encore entre quelques Ordres Religieux touchant celui qui en est le véritable Auteur[1]. Les RR.PP. Bénédictins veulent que ce soit D. Jean de Castanisa Espagnol : Les RR. PP. Théatins prétendent que c'est D. Laurent Scupoli Italien[2]. Le Père Theophila Raynaud, célèbre écrivain de la Compagnie de Jésus, assure que c'est le P. Achille Gagliardo Jésuite et fameux Prédicateur en Italie, connu, estimé et chéri particulièrement de Saint Charles Borromée. Je ne me hasarderai point à décider ce différend, quelque intérêt que j'y puisse

Avertissement du Père Jean Brigon

avoir ; car outre que cela demanderait une trop longue discussion, j'aime mieux laisser chacun en possession de ses droits, que de me faire des ennemis, en me déclarant ouvertement pour l'un des partis.

Il en sera donc du *Combat spirituel*, comme de l'*Imitation de Jésus-Christ*, on le lira éternellement, il fera par tout de grands fruits, on ne saura jamais certainement qui l'a composé : en quelque langue qu'on l'ait écrit, il s'en est fait bien des Traductions Latines, Anglaises, Allemandes, Françaises assez différentes. Comme on a trouvé à redire en ces dernières, soit pour la fidélité, ou pour le style ; j'ai taché de corriger les défauts que j'y ai remarqués, et de rendre le sens de l'Auteur, sans m'attacher trop aux mots et aux phrases.

L'exemplaire que j'ai choisi pour ma traduction, est Italien, sous le nom du R. P. D. Laurent Scupoli Théatin, et traduit déjà, mais mot à mot et un peu trop fidèlement, par le R. P. D. Olimpe Masorti aussi Théatin. C'est apparemment celui dont parlent les Peres Bénédictins[3], lorsqu'ils disent que D. Jean de Castanisa, Religieux de leur Ordre, est le vrai Auteur du *Combat spirituel*, mais que le Père Laurent Scupoli l'a augmenté de beaucoup. C'est en effet le plus ample de ceux qui paraissent ; puisqu'il contient 66 chapitres, et que d'autres n'en contiennent que 33. Je n'y ai rien changé, sinon qu'au lieu que l'Auteur adresse toutes les instructions à une personne dévote, véritable ou feinte, qu'il Nomme sa très-chère fille en Jesus Christ. Je le fais *parler en général à tous ceux qui liront son Livre ; ce qui me semble plus conforme à notre manière et au génie de notre langue.*

---

1. In indiculo librorum Asseticorum, pag 66.
2. Erotemate X. de bonis ac malis libris, Tome ii page 267.
3. In Indiculo lib. Ascet.

Notes de l'Éditeur

Il existe entre cette traduction du Combat spirituel et les autres traductions généralement en usage, une si notable différence de style, qu'on se demandera peut-être si l'auteur n'a pas sacrifié parfois l'exactitude du texte à l'élégance de la diction.

Nous pouvons, à cet égard, rassurer complètement le lecteur. Le théologien qui a bien voulu se charger de cette traduction s'est fait un devoir de suivre pas à pas le texte original : il ne faut pas chercher ailleurs l' explication de la différence qu'on aura sans doute remarquée.

C'est une chose triste à dire, que les ouvrages de piété sont généralement moins bien traduits que les ouvrages profanes, les classiques spécialement. Pour éviter les frais d'un nouveau travail, on se borne trop souvent à revoir des traductions anciennes, sans même les collationner avec le texte original. C'est ce qui est arrivé, semble-t-il, pour le Combat spirituel. On s'est contenté de reproduire, avec des modifications plus ou moins heureuse une traduction qui date de deux siècles, et dont l'auteur lui-même, le Père Brignon, nous signale le défaut capital en disant dans l'avertissement qu'il s'est efforcé de rendre le sens de l'original sans trop s'attacher aux mots et aux phrases. Nous avons voulu, nous, une traduction qui reproduisît, non-seulement le sens, mais aussi les phrases et les expressions de l'auteur, avec toute leur élégance, leur force et leur concision.

Puisse notre publication faire apprécier de plus en plus à sa juste valeur le livre admirable du père Scupoli, et contribuer à rendre plus abondants encore les fruits de salut qu'il produit tous les jours dans les cœurs.

À *notre chef suprême et glorieux triomphateur* Jésus-Christ, *fils de Marie*

Les sacrifices et les présents des mortels ont toujours plu et plaisent encore à votre Majesté souveraine, surtout lorsqu'ils vous sont offerts avec un cœur sincèrement dévoué à votre gloire. C'est ce qui m'engage à vous offrir ce petit traité du combat spirituel, et à le dédier à votre divine Majesté.

Si modeste que soit mon offrande, je ne crains pas de vous la présenter, car je sais que vous êtes ce Dieu très haut qui se plaît aux choses les plus humbles et dédaigne les vaines et prétentieuses grandeurs du monde. Pouvais-je, sans me rendre digne de blâme et sans me nuire à moi-même, l'offrir à un autre qu'à vous ô Roi du Ciel et de la terre ? La doctrine consignée en ce traité est votre doctrine, puisque c'est vous qui nous avez appris à nous défier de nous-mêmes, à nous confier en vous, à combattre et à prier.

En outre, s'il faut dans tous les combats un chef expérimenté qui dirige la lutte et anime les soldats, et si les troupes combattent d'autant plus vaillamment qu'elles ont à leur tête un plus habile capitaine, comment oserions-nous entreprendre ce combat spirituel sans un chef qui nous conduise à la victoire ? Nous tous donc qui sommes décidés à combattre et vaincre nos ennemis, nous vous choisissons pour capitaine, ô Christ Jésus : vous avez vaincu le monde et le prince des ténèbres, et en assujettissant votre chair sacrée aux souffrances et à la mort, vous avez dompté la chair de tous ceux qui ont combattu, et qui combattront généreusement sous vos enseignes.

Lorsque je composais ce traité, j'avais toujours cette parole présente à l'esprit : *Non quod sufficientes simus cogitare aliquid a nobis quasi ex nobis.* Si nous ne pouvons sans vous et sans votre secours, avoir une seule bonne pensée, comment pourrions-nous, abandonnés à nos forces, lutter contre tant d'ennemis et échapper à tant d'embûches ?

C'est à vous, Seigneur, qu'appartient tout entier ce Combat spirituel, puisque c'est votre doctrine qu'il enseigne. C'est à vous aussi qu'appartiennent tous les combattants parmi lesquels se rangent les clercs réguliers Théatins. Prosternés donc aux pieds de votre Majesté suprême, nous vous prions d'accepter ce combat spirituel et de nous animer par votre grâce à lutter généreusement. Nous sommes persuadés que, si vous combattez en nous, nous remporterons la victoire pour votre gloire et celle de votre très sainte Mère.

Votre très humble serviteur, racheté par votre sang précieux,

LORENZO SCUPOLI,
Clerc régulier.

1. En quoi consiste la perfection chrétienne ; qu'il faut combattre pour l'acquérir ; et de quatre choses nécessaires en ce combat.

Si vous voulez, ô âme chrétienne, parvenir au faîte de la perfection, et vous unir si étroitement à Dieu que vous deveniez un même esprit avec lui, il faut, pour mener à bonne fin cette entreprise, la plus grande et la plus noble qui se puisse imaginer, que vous sachiez avant tout en quoi consiste la vraie et parfaite spiritualité.

Quelques-uns, ne regardant la vie spirituelle que par le dehors, la font consister dans l'austérité de la vie, dans les pénitences corporelles, les cilices, les disciplines, les veilles prolongées, les jeûnes et autres mortifications du même genre.

D'autres, les femmes particulièrement, s'imaginent être parvenus à un haut degré de perfection, lorsqu'ils se sont fait une habitude de réciter beaucoup de prières vocales, d'entendre plusieurs messes, d'assister aux offices divins, de visiter fréquemment les églises et de s'approcher souvent de la sainte Table.

D'autres enfin, et parmi eux des personnes engagées dans l'état religieux, croient que pour être parfait, il suffit d'être assidu au chœur, d'aimer la retraite et le silence, et d'observer les prescriptions de la règle.

Ainsi, les uns font consister la perfection dans tel exercice, les autres dans un autre ; mais il est certain que tous se trompent.

En effet, les œuvres extérieures sont des moyens d'acquérir, mais on ne peut pas dire qu'elles constituent la perfection chrétienne et la vraie spiritualité.

Ce sont des moyens puissants d'acquérir la sainteté. Employés avec sagesse et discrétion, ils servent merveilleusement à nous fortifier contre la malice et la fragilité de notre nature, à repousser les assauts et à éviter les pièges de l'ennemi commun, à obtenir de Dieu les secours nécessaires aux justes, principalement à ceux qui commencent.

Ce sont, en outre, des fruits de la sainteté acquise. Les personnes avancées en perfection châtient leur corps pour le punir de ses révoltes passées et pour le tenir dans une complète soumission aux ordres de son Créateur ; elles vivent dans la retraite et le silence pour éviter les moindres fautes et n'avoir plus de conversation que dans les cieux. Elles s'appliquent au service divin et aux œuvres de piété, elles s'adonnent à la prière, elles méditent la vie et la Passion de Notre-Seigneur, non par esprit de curiosité et par amour pour les consolations sensibles, mais dans le désir de mieux connaître leur propre malice et l'infinie miséricorde de Dieu, de s'exciter de plus en plus à aimer le Seigneur, à se haïr elles-mêmes et à marcher sur les traces du Fils de Dieu avec une entière abnégation, et la croix sur les épaules. Elles fréquentent les sacrements dans la seule vue d'honorer la majesté de Dieu, de s'unir plus étroitement à lui et de se fortifier contre les tentations de l'ennemi.

Combien est différente la conduite des personnes qui font reposer sur les œuvres extérieures tout édifice de leur perfection ! Si saintes qu'elles soient en elles-mêmes, ces œuvres, par le mauvais usage qu'elles en font, peuvent devenir l'occasion de leur ruine et leur causer plus de dommage même que des fautes manifestes.

Préoccupées uniquement de ces pratiques de dévotion, elles abandonnent leur cœur aux inclinations de la nature et aux pièges du démon. L'esprit malin, voyant qu'elles s'écartent du droit chemin, les pousse à continuer leurs exercices accoutumés, et à s'égarer, au gré de leurs vaines pensées, parmi les délices du paradis où elles croient jouir, en la compagnie des anges, de la présence de Dieu même. Elles se trouvent parfois absorbées dans des méditations pleines de pensées sublimes, curieuses et agréables, et, oubliant le monde et les créatures, elles s'imaginent être transportées au troisième ciel.

Mais pour peu qu'on examine leur conduite, on voit immédiatement combien profonde est leur erreur, et combien elles sont éloignées de la perfection que nous recherchons.

Partout, dans les grandes comme dans les petites choses, elles veulent être préférées aux autres ; entichées de leur mérite, elles s'obstinent dans leur manière de voir. Aveugles sur leurs propres défauts, elles ont toujours les yeux ouverts sur les actions des autres pour les scruter et les censurer.

Qu'on porte la moindre atteinte à la bonne opinion qu'elles ont d'elles-mêmes et qu'elles aiment à faire partager par les autres, qu'on leur commande de quitter certaines dévotions dont elles se sont fait une habitude, à l'instant elles se troublent et s'inquiètent outre mesure.

Chapitre 1

Que le Seigneur, pour leur apprendre à se connaître elles-mêmes et leur enseigner le vrai chemin de la perfection, leur envoie des adversités et des maladies, qu'il permette (car rien n'arrive ici-bas sans son ordre ou sa permission), qu'il permette, dis-je, que la persécution, cette pierre de touche de la véritable piété, s'attaque à leur personne, vous voyez aussitôt se découvrir le fond de leur cœur, et l'orgueil qui le corrompt paraître au grand jour.

Dans les épreuves, comme dans les événements heureux de la vie, elles ne savent ce que c'est que de se résigner à la volonté de Dieu, que de s'humilier sous sa main puissante, que de se soumettre à ses justes et impénétrables jugements, que de s'abaisser au-dessous des créatures à l'exemple de son Fils souffrant et humilié, que d'aimer leurs persécuteurs comme les instruments dont se sert la bonté divine pour les former à la mortification et coopérer à leur perfection et à leur salut.

De là vient qu'elles sont toujours en danger de se perdre. Se considérant avec des yeux obscurcis par l'amour-propre et ne voyant rien que de louable en elles-mêmes et dans leurs actions, elles s'imaginent qu'elles sont fort avancées en perfection et jugent les autres du haut de leur orgueil, si bien qu'il ne faut rien moins qu'un miracle de la grâce pour les convertir.

L'expérience est là pour prouver qu'il est plus facile de ramener au droit chemin un pécheur déclaré qu'un pécheur qui se déguise et se couvre du manteau des vertus apparentes.

Vous comprenez maintenant, âme chrétienne, que la vie spirituelle ne consiste pas dans les pratiques extérieures dont nous venons de parler. En quoi donc consiste-t-elle ? Elle consiste dans la connaissance de la grandeur de Dieu et de notre propre néant, dans l'amour du Seigneur et la haine de nous-mêmes, dans la soumission de l'esprit à Dieu et aux créatures pour l'amour de Dieu, dans l'abnégation complète de notre volonté et notre entière résignation à ses décrets souverains. Encore faut-il que nous pratiquions toutes ces vertus uniquement pour la gloire de Dieu et en vue de lui plaire, par la seule raison qu'il exige et mérite d'être aimé et servi de la sorte.

Telle est la loi d'amour gravée par la main de Dieu même dans le cœur de ses fidèles serviteurs ; telle est l'abnégation qu'il requiert de nous ; tel est le joug aimable et le fardeau léger qu'il nous invite à prendre sur nos épaules ; telle est l'obéissance qu'il nous enseigne par sa parole et son exemple.

Chapitre 1

Si donc vous désirez atteindre au faîte de la perfection, vous devez vous faire une continuelle violence pour dompter généreusement et réduire à néant toutes les affections mauvaises de votre cœur, si légères qu'elles vous paraissent. Il faut vous préparer avec ardeur au combat, parce que la couronne ne s'accorde qu'aux soldats valeureux.

Songez que, s'il n'y a point de guerre plus rude, attendu qu'en se combattant soi-même on trouve en soi-même un adversaire, il n'y a point non plus de victoire plus agréable à Dieu et plus glorieuse au vainqueur. Si vous avez le courage de fouler aux pieds et de faire mourir en vous tous les appétits désordonnés, les désirs et les moindres mouvements de la volonté, vous serez plus agréable à Dieu et lui rendrez un hommage plus grand que si, laissant vivre volontairement en votre âme l'une ou l'autre de vos passions, vous vous donniez la discipline jusqu'au sang, que si vous pratiquiez un jeûne plus austère que celui des anciens ermites et anachorètes, ou même que si vous convertissiez des milliers de pécheurs.

En effet, bien qu'à prendre les choses en elles-mêmes, Dieu fasse beaucoup plus d'état de la conversion d'une âme que de la mortification d'un désir de notre cœur, il reste toujours vrai que votre principal soin doit être de vouloir et de faire ce que Dieu demande particulièrement de vous. Or ce que Dieu demande de vous avant toute chose, c'est que vous travailliez courageusement à mortifier vos passions. Ce travail lui procure plus de gloire que l'œuvre en apparence la plus importante que vous accompliriez avec un cœur dominé par la passion.

Maintenant que vous savez en quoi consiste la perfection chrétienne et à quelle guerre acharnée il faut vous résoudre pour y parvenir, il vous reste à vous munir de quatre choses, qui sont comme autant d'armes assurées, nécessaires à qui veut remporter la palme et sortir victorieux de ce combat spirituel. Ces quatre armes infaillibles sont :

- *la défiance de nous-mêmes,*
- *la confiance en Dieu,*
- *le bon usage de nos facultés,*
- *l'exercice de la prière.*

Nous essayerons, avec la grâce de Dieu, d'en parler d'une manière claire et succincte, dans les chapitres suivants.

2. De la défiance de nous-mêmes.

La défiance de nous-mêmes nous est tellement nécessaire en ce combat, que, sans elle, non seulement nous serions impuissants à remporter la victoire, mais nous ne saurions même pas surmonter la moindre de nos passions.

Cette vérité doit être d'autant plus profondément gravée dans notre esprit que notre nature corrompue nous pousse à concevoir une haute estime de nous-mêmes, à croire, malgré notre néant, que nous sommes quelque chose, et à présumer follement de nos forces.

Point de vice que nous reconnaissions plus à contrecœur, point de vice non plus qui déplaise davantage aux yeux de Dieu. Le Seigneur veut nous voir pénétrés de cette vérité que toute grâce, toute vertu vient de lui comme de la source de tout bien, et que de nous-même nous sommes absolument incapables d'accomplir une action, d'avoir même une pensée qui lui soit agréable.

Mais, quoique cette défiance soit un don de sa main divine, un don qu'il accorde à ceux qu'il aime, tantôt par de saintes inspirations, tantôt par d'amères épreuves, par des tentations violentes et presque insurmontables, par d'autres voies encore impénétrables à notre côté, nous l'obtiendrons infailliblement si, avec l'aide de la grâce, nous employons les quatre moyens que je vous propose.

Le premier, c'est de considérer notre bassesse et notre néant, et de nous bien persuader que de nous-mêmes nous ne pouvons rien faire de méritoire pour le ciel.

Le second, c'est de demander avec humilité et ferveur cette importante vertu à celui qui seul peut nous la donner. Nous confesserons d'abord que, non seulement nous ne l'avons pas, mais que de nous-mêmes nous sommes dans une entière impuissance de l'obtenir. Nous nous jetterons ensuite aux pieds du Seigneur avec une confiance inébranlable en sa bonté, et nous persévérerons dans la prière, jusqu'à ce qu'il plaise à sa divine Providence d'exaucer notre demande.

Chapitre 2

Le troisième moyen, c'est de nous accoutumer peu à peu à nous défier de nous-mêmes et de notre propre jugement, à craindre la violente inclination de notre nature au péché, la multitude de nos ennemis, l'incomparable supériorité de leurs forces, leur longue expérience du combat, leur astuce et les illusions qui les transforment à nos yeux en anges de lumière, les pièges enfin qu'ils nous tendent de toutes parts sur le chemin de la vertu.

Le quatrième moyen, c'est de rentrer en nous-mêmes à chaque faute que nous commettons et de considérer attentivement jusqu'où va notre faiblesse. Si Dieu permet que nous fassions quelque chute, c'est afin qu'à la clarté de cette lumière, nous apprenions à mieux nous connaître, à nous mépriser nous-mêmes comme de viles créatures et à désirer d'être méprisés par les autres. Sans cette volonté, nous devons désespérer d'avoir jamais la défiance de nous-mêmes qui a pour fondement l'humilité et l'expérience de notre misère.

La connaissance de soi-même est donc absolument nécessaire à quiconque veut s'approcher de la lumière éternelle, de la vérité incréée. Cette connaissance, la bonté divine la donne ordinairement aux superbes et aux présomptueux par la voie de l'expérience : il les laisse tomber dans l'une ou l'autre faute grave, afin que leur chute, en leur dévoilant leur faiblesse, leur apprenne à se défier d'eux-mêmes.

Mais Dieu ne se sert ordinairement de ce remède extrême que lorsque les moyens plus doux n'ont pas obtenu l'effet qu'en attendait sa miséricorde.

Il permet que l'homme tombe plus ou moins souvent, selon qu'il a plus ou moins d'orgueil, et si quelqu'un se rencontrait qui fût, comme la Sainte Vierge, entièrement exempt de ce vice, j'ose affirmer qu'il ne tomberait jamais.

Lors donc qu'il arrive quelque chute, faites immédiatement un retour sur vous-même, demandez instamment à Notre Seigneur la lumière nécessaire pour vous connaître et vous défier entièrement de vous-même, si vous ne voulez pas retomber dans les mêmes fautes ou dans des fautes plus préjudiciables encore au salut de votre âme.

3. De la confiance en Dieu.

Quoique la défiance de nous-mêmes soit indispensable dans le combat spirituel, ainsi que nous venons de le montrer, cependant si nous n'avons qu'elle pour défense, nous serons bientôt forcés de prendre la fuite ou de nous laisser vaincre et désarmer par l'ennemi. Il faut donc y joindre une confiance absolue en Dieu, espérer et attendre de lui seul les grâces et les secours qui assurent la victoire.

S'il est vrai que de nous-mêmes, misérable néant que nous sommes, nous n'avons que des chutes à attendre, et que de ce fait nous ne saurions assez nous défier de nos forces, il n'est pas moins certain que le Seigneur nous fera triompher de nos ennemis si, pour obtenir son assistance, nous armons notre cœur d'une inébranlable confiance en lui.

Nous avons quatre moyens d'acquérir cette vertu.

Le premier moyen, c'est de la demander à Dieu. Le second moyen, c'est de considérer des yeux de la foi la toute-puissance et la sagesse infinie de ce Dieu à qui rien n'est impossible ni difficile, sa bonté sans bornes, son amour ineffable disposé à nous accorder d'heure en heure, de moment en moment, tous les secours dont nous avons besoin pour vivre de notre vie spirituelle et triompher de nous-mêmes. La seule chose qu'il demande de nous, c'est que nous nous jetions avec une entière confiance dans les bras de sa miséricorde.

Eh quoi ! ce divin pasteur aurait couru durant trente-trois ans après la brebis égarée, il aurait perdu la voix à la rappeler à lui, il l'aurait suivie opiniâtrement à travers les épines et les ronces du chemin, au point d'y répandre tout son sang et d'y laisser la vie. Et maintenant que cette brebis revient à lui avec la volonté de se soumettre à sa loi, ou du moins avec le désir, faible peut-être, mais sincère, d'observer ses commandements, maintenant qu'elle appelle et supplie son pasteur, celui-ci refuserait d'abaisser sur elle un regard de miséricorde, de prêter l'oreille à ses cris, de la prendre sur ses épaules divines pour aller se réjouir avec ses voisins, les élus et les anges du Ciel !

Ce maître si bon qui cherche avec tant de soin et d'amour la drachme de l'Évangile, image du pécheur aveugle et muet, abandonnerait celui qui, semblable à la brebis égarée, appelle à grands cris son bien-aimé pasteur ? Est-ce possible ? Et qui croira jamais que ce Dieu qui frappe sans cesse à la porte de notre cœur avec un désir immense d'en obtenir l'entrée, d'y trouver un repos qu'il aime, et d'y répandre ses faveurs, fasse le sourd et refuse d'entrer, quand ce cœur s'ouvre à lui et implore sa visite ?

Le troisième moyen d'acquérir cette salutaire confiance, c'est de rappeler souvent à notre mémoire les oracles de la sainte Écriture qui déclarent en mille endroits que celui qui espère en Dieu ne sera point confondu.

Voici enfin le quatrième moyen d'avoir tout ensemble et la défiance de nous-mêmes et la confiance en Dieu.

Ne formons aucun projet, ne prenons aucune résolution que nous n'ayons auparavant considéré notre faiblesse ; munis alors d'une sage défiance de nous-mêmes, tournons nos regards vers la puissance, la sagesse et la bonté de Dieu et, pleins de confiance en lui, prenons la résolution d'agir et de combattre généreusement ; avec ces armes jointes à la prière (comme nous le dirons plus tard), marchons à la peine et au combat.

Si nous n'observons pas cet ordre, nous risquons fort de nous tromper, quand bien même tout semblerait nous indiquer que la confiance en Dieu est le principe de nos actions. La présomption nous est si naturelle, elle est, pour ainsi parler, formée d'une matière si subtile qu'elle s'infiltre à notre insu dans notre cœur et se mêle imperceptiblement à la défiance de nous-mêmes et à la confiance que nous croyons avoir en Dieu.

Tenez-vous donc le plus possible en garde contre la présomption et, pour établir nos œuvres sur les deux vertus opposées à ce vice, ayez soin que la considération de votre faiblesse marche avant la considération de la toute-puissance de Dieu, et que l'une et l'autre précèdent toutes vos œuvres.

4. Des signes par lesquels on peut reconnaître si l'on a la défiance de soi-même et la confiance en Dieu.

Il arrive à certaines personnes de s'imaginer qu'elles ont acquis la défiance d'elles-mêmes et la confiance en Dieu, quoique ces vertus leur fassent entièrement défaut. Vous jugerez si vous partagez leur erreur à l'effet que vos chutes produiront sur vous.

Si ces chutes vous troublent et vous chagrinent, si elles vous ôtent l'espoir d'avancer jamais dans la vertu, c'est un signe que vous n'avez pas mis votre confiance en Dieu, mais en vous-même. Si votre tristesse est grande et votre désespoir profond, c'est une marque que vous avez beaucoup de confiance en vous-même et très peu dans le Seigneur.

En effet, celui qui se défie beaucoup de lui-même, pour placer son espoir en Dieu seul, ne s'étonne nullement de ses fautes ; il ne se laisse point aller au trouble et au chagrin, persuadé que ces fautes sont l'effet de sa faiblesse et de son peu de confiance en Dieu. Il trouve dans sa chute même une occasion de se défier de plus en plus de ses forces pour ne compter que sur le secours du Seigneur. Plein d'horreur pour sa faute et ses passions déréglées, il conçoit de son offense une douleur vive, tranquille et paisible. Il se remet aussitôt à l'œuvre et reprend avec un redoublement de courage et d'ardeur la lutte qu'il faudra soutenir jusqu'à la mort contre l'ennemi du salut.

Puissent ces choses être mûrement pesées par certaines personnes qui, après une chute, ne peuvent ni ne veulent se donner de repos, qui aspirent d'aller au plus tôt trouver leur père spirituel et cela en vue de se décharger de l'anxiété où les jette leur amour-propre, bien plus que pour tout autre motif ! Elles feraient beaucoup mieux de s'approcher du tribunal de la pénitence pour se purifier de leurs souillures, et aller ensuite puiser dans la sainte communion les forces nécessaires pour ne plus retomber dans le péché.

5. De l'erreur qui fait prendre à plusieurs la pusillanimité pour une vertu.

C'est une illusion commune à bien des gens que celle qui fait prendre pour vertu la crainte et le trouble qui s'empare de l'âme après le péché. Trompées par le sentiment de douleur qui se mêle à leur inquiétude, ces personnes ne s'aperçoivent pas que leur trouble naît d'un orgueil secret et d'une folle présomption. Elles se confiaient dans leur propre force. Convaincues par l'expérience que cette force leur manque, elles se troublent, elles s'étonnent de leur chute comme d'une chose surprenante, et, voyant renversé le frêle appui qui faisait leur assurance, elles se laissent aller au découragement et à la crainte.

Ce malheur n'arrive pas à l'homme humble

qui se défie de lui-même et met son appui dans le Seigneur. S'il vient à commettre une faute, il la regrette amèrement, mais il ne s'en trouble ni ne s'en étonne, parce que le flambeau de la vérité qui l'éclaire la lui montre comme un effet naturel de sa faiblesse et de son inconstance.

6. De quelques avis utiles pour acquérir la défiance de soi-même et la confiance en Dieu.

Puisque la force qui nous fait triompher de nos ennemis naît principalement de la défiance de nous-mêmes et de la confiance en Dieu, voici quelques avis qui vous aideront, avec le secours de la grâce, à acquérir ces vertus.

Apprenez donc et gravez profondément dans votre esprit cette vérité incontestable qu'il n'y a ni dons naturels ou acquis, ni grâces gratuites, ni connaissance si parfaite de la sainte Écriture, ni constance dans le service de Dieu, qui puisse nous faire accomplir sa sainte volonté si, dans les œuvres que nous entreprenons pour sa gloire, dans les tentations que nous avons à surmonter, dans les croix que la Providence nous envoie, notre cœur n'est aidé et élevé en quelque sorte au-dessus de lui-même par sa main toute-puissante.

Il faut donc que, durant toute notre vie, à chaque jour, à chaque heure, à chaque instant nous ayons cette vérité devant les yeux. De cette façon, jamais nous ne pourrons nous confier en nous-mêmes. La pensée ne nous en viendra même pas.

Pour ce qui regarde la confiance en Dieu, persuadez-vous bien qu'il renverse nos ennemis avec une égale facilité, qu'ils soient nombreux ou en petit nombre, qu'ils soient forts ou faibles, aguerris ou inexpérimentés.

Qu'une âme donc soit chargée de péchés, qu'elle ait tous les défauts imaginables, qu'elle ait épuisé tous les moyens de se corriger de ses vices et de pratiquer la vertu et n'ait pu avancer d'un seul pas sur le sentier du bien, qu'elle se soit au contraire enfoncée plus profondément dans la fange du péché, ce n'est pas une raison pour désespérer de la bonté de Dieu, jeter les armes et abandonner les exercices spirituels. Elle doit, au contraire, redoubler de courage et combattre généreusement : elle doit savoir que la victoire est promise à ceux qui persévèrent dans la lutte et mettent leur confiance dans le Seigneur. Si Dieu permet parfois que ses soldats soient blessés, jamais il ne les abandonne.

Chapitre 6

Combattre, c'est là tout le secret de la victoire. Un remède est prêt pour chaque blessure, et ce remède guérit infailliblement ceux qui cherchent le Seigneur et espèrent en son secours. Le jour qu'ils y penseront le moins, ils trouveront leurs ennemis étendus à leurs pieds.

7. Un bon usage des puissances et premièrement qu'il faut tenir l'intelligence en garde contre l'ignorance et la curiosité.

Si la défiance de nous-mêmes et la confiance en Dieu sont nos seules armes dans ce combat, non seulement nous ne remporterons pas la victoire, mais nous nous précipiterons dans une infinité de maux. C'est pourquoi nous devons à ces deux armes en ajouter une troisième que nous avons mentionnée plus haut : l'exercice de nos facultés.

Cet exercice consiste principalement dans le bon usage de l'intelligence et de la volonté.

L'intelligence doit être mise en garde contre deux ennemis qui l'attaquent sans relâche : l'ignorance et la curiosité.

L'ignorance cherche à obscurcir l'intelligence,

Chapitre 7

à l'empêcher d'atteindre son objet propre : la vérité. C'est l'exercice qui doit lui rendre la clarté et la lucidité requises pour qu'elle soit à même de bien discerner ce qu'elle doit faire afin de purger l'âme de ses passions déréglées et de l'orner des vertus chrétiennes.

Cette lumière peut s'obtenir par deux moyens. Le premier et le plus important est l'oraison : il faut demander à l'Esprit Saint de répandre la lumière dans nos cœurs. Il ne nous refusera pas, si nous cherchons sincèrement Dieu et l'accomplissement de sa volonté, et si nous sommes disposés à soumettre en toute occasion notre jugement à celui de nos supérieurs.

Le second est une continuelle application de l'esprit à examiner les choses soigneusement et de bonne foi, pour les juger conformément aux enseignements de l'Esprit Saint, et non d'après le témoignage des sens et les maximes du monde. Cet examen convenablement fait nous convaincra que ce que le monde corrompu aime, désire et recherche avec tant d'empressement n'est qu'illusion et mensonge, que les honneurs et les plaisirs de la terre ne sont que vanité et affliction d'esprit, que les injures et les opprobres sont des sujets de gloire, et la souffrance une source de joie, que le pardon des offenses et l'amour des ennemis constituent la vraie grandeur d'âme et notre plus grand trait de ressemblance avec Dieu, que le mépris des choses d'ici-bas est préférable à l'empire du monde, que la soumission volontaire aux créatures, même les plus viles, pour l'amour de Dieu, est plus honorable que la domination exercée sur les plus grands monarques, que l'humble connaissance de soi-même est plus digne d'estime que la sublimité de la science, qu'il y a plus de gloire véritable à vaincre et à mortifier ses moindres passions qu'à prendre d'assaut des cités nombreuses, mettre en fuite des armées puissantes, opérer des miracles et ressusciter des morts.

8. Des obstacles à la juste appréciation des choses et du moyen de les bien connaître.

Ce qui nous empêche de juger sainement des choses, c'est notre tendance à nous laisser aller à l'amour ou à la haine qu'elles nous inspirent de prime abord. L'entendement, obscurci par les passions, ne voit plus les choses telles qu'elles sont. Pour éviter cette illusion, veillez avec soin à conserver une volonté entièrement libre de toute affection désordonnée.

Quand un objet se présente à vous, regardez-le des yeux de l'intelligence, considérez-le mûrement avant que la haine vous porte à le rejeter, si l'objet est contraire aux inclinations de votre nature, ou que l'amour vous le fasse embrasser, s'il flatte vos désirs. Votre entendement, libre encore des nuages de la passion, jouit d'une lucidité pleine et entière pour connaître la vérité, il est apte à découvrir le mal sous l'appât d'un plaisir trompeur et à discerner le bien sous le voile d'un mal apparent.

Mais si l'amour ou la haine s'est déjà emparé de la volonté, l'entendement est incapable de bien juger. La passion qui s'est placée entre l'objet et l'entendement offusque ce dernier au point de lui faire voir l'objet tout autrement qu'il n'est en réalité. L'entendement le propose alors sous ce faux jour à la volonté, et celle-ci dans son exaltation se laisse entraîner à l'amour ou à la haine contre toutes les lois de la raison.

La passion obscurcit de plus en plus l'intelligence, et l'intelligence ainsi obscurcie fait paraître à la volonté cet objet plus aimable ou plus odieux que jamais. C'est ainsi que, faute d'observer la règle que j'ai posée et qui est ici d'une importance extrême, l'intelligence et la volonté, ces facultés si nobles de notre âme, ne font pour ainsi dire que tourner misérablement dans un cercle et tomber de ténèbres en ténèbres, d'erreurs en erreurs, jusqu'au plus profond de l'abîme.

Tenez-vous donc bien en garde, âme chrétienne, contre toute affection désordonnée. Ne vous attachez à quelque objet que ce soit, que vous ne l'ayez auparavant examiné avec soin, et reconnu pour ce qu'il est à la lumière de l'intelli-

Chapitre 8

gence, et plus encore à la lumière de la grâce de l'oraison et des conseils de votre directeur.

Ces précautions, vous devez les prendre en certaines actions extérieures qui, de soi, sont bonnes et saintes, plus encore qu'en d'autres moins louables, parce qu'on y est plus sujet à l'inconsidération et à l'erreur. Le mauvais choix du temps ou du lieu, un défaut de mesure, un manque d'obéissance pourraient vous les rendre très pernicieuses, ainsi qu'on peut s'en convaincre par l'exemple de bon nombre de personnes qui se sont perdues dans les ministères les plus saints et les plus augustes.

9. D'un autre défaut à éviter pour bien juger de ce qui nous est utile.

Un autre défaut contre lequel nous devons tenir notre intelligence en garde, c'est la curiosité. Ce vice, en remplissant notre esprit d'une multitude de pensées vaines ou coupables le rend complètement impropre aux connaissances que réclament la mortification de nos passions et notre avancement spirituel.

Soyez donc tout à fait mort aux choses de la terre, ne recherchez point celles qui ne sont pas nécessaires, fussent-elles permises.

Restreignez le plus possible les limites dans lesquelles se meut votre entendement. Prenez plaisir à le rendre insensé aux yeux des hommes.

Que les affaires du siècle, que les révolutions, grandes ou petites, dont le monde est le théâtre,

Chapitre 9

soient pour vous comme si elles n'étaient pas, et si ces vanités veulent s'introduire dans votre esprit, fermez-leur le passage et chassez-les loin de vous.

Soyez sobre et humble, même en ce qui regarde la connaissance des choses célestes, ne voulant savoir que Jésus crucifié, sa vie, sa mort, et ce qu'il demande de vous. Tout le reste, éloignez-le de votre pensée et vous serez singulièrement agréable à Dieu qui regarde comme ses enfants bien-aimés ceux qui se contentent de lui demander les grâces nécessaires pour aimer sa bonté infinie et accomplir sa sainte volonté. Toute autre demande, toute autre recherche n'est qu'amour-propre, orgueil et piège du démon.

En suivant ces conseils, vous échapperez aux embûches que l'antique serpent tend sous les pas des personnes qui s'adonnent aux exercices de la vie spirituelle. Voyant leur volonté affermie dans le bien, il s'attaque à leur entendement, afin que devenu maître de l'un, il parvienne à s'emparer de l'autre.

Pour arriver à son but, il leur inspire des pensées sublimes, vives et curieuses, surtout si ce sont des esprits subtils, élevés et enclins à l'orgueil. Trompés par les charmes qu'ils trouvent à ces vains raisonnements et par la persuasion qu'ils ont de jouir de la présence de Dieu, ils oublient de purifier leur cœur et de s'appliquer à se connaître eux-mêmes et à mortifier leurs passions. Pris de la sorte aux pièges de l'orgueil, ils se font une idole de leur intelligence.

Ils en viennent peu à peu, et sans s'en apercevoir, à se persuader qu'ils n'ont besoin des conseils et de la conduite de personne, habitués qu'ils sont d'avoir, en toute rencontre, recours à l'idole de leur propre jugement.

C'est là une maladie grave et fort difficile à guérir. L'orgueil de l'entendement présente bien plus de dangers que l'orgueil de la volonté. Ce dernier orgueil, en effet, étant connu de l'intelligence, se guérira sans trop de difficulté, le jour où nous nous déciderons à obéir à nos supérieurs. Mais celui qui a la conviction que son sentiment est préférable à celui des autres, par qui et comment pourra-t-il être guéri ? Comment se soumettre au jugement d'autrui, quand on le trouve moins bon que le sien propre ?

Si l'entendement qui est l'œil de l'âme et à qui seul il est donné de découvrir et de panser la plaie de la volonté orgueilleuse, si l'entendement, dis-je, est mal disposé, s'il est aveugle et rempli du même orgueil, qui pourra le guérir ?

Si la lumière devient ténèbres, si la règle se trompe, comment le reste ira-t-il ?

Opposez-vous donc de bonne heure à cet or-

Chapitre 9

gueil si funeste, et n'attendez pas qu'il ait pénétré jusqu'à la moelle de vos os. Émoussez la pointe de votre esprit. Aimez à soumettre votre opinion à celle d'autrui. Devenez fou pour l'amour de Dieu, et vous serez plus sage que Salomon.

10. De l'exercice de la volonté, et de la fin que nous devons nous proposer dans toutes nos actions, tant les extérieures que les intérieures.

Après avoir appris à bien user de votre entendement, il vous reste à régler votre volonté, à la détacher de ses propres désirs pour la rendre entièrement conforme à la volonté de Dieu.

Remarquez bien qu'il ne suffit pas de vouloir et de faire les choses que vous croyez les plus agréables à Dieu, vous devez en outre les vouloir et les faire sous l'impulsion de la grâce et dans la seule vue de plaire au Seigneur.

C'est ici surtout, plus encore que dans le précédent combat, que nous aurons à lutter contre notre nature. Toujours occupée d'elle-même, elle ne songe en toutes choses, plus parfois dans les

Chapitre 10

choses spirituelles que dans les autres, qu'à ses commodités et à sa satisfaction propre.

Elle en fait en quelque sorte sa nourriture et elle s'en repaît avidement, comme d'un mets qui ne doit lui inspirer aucune défiance.

De là vient qu'aussitôt qu'une œuvre nous est proposée, nous l'envisageons et nous la désirons, non sous l'impulsion de la volonté de Dieu et dans le but de lui plaire, mais pour le plaisir et le contentement que nous trouvons à vouloir ce que Dieu veut.

L'illusion en ce point est d'autant plus facile que l'objet de nos désirs est meilleur en soi. L'amour-propre trouve à se glisser jusque dans le désir que nous avons de nous unir à Dieu. En formant ce désir, nous prenons souvent plus garde à notre intérêt et à notre satisfaction qu'à la volonté même de Dieu, et nous oublions que ce Dieu demande et exige d'être aimé, désiré et servi uniquement en vue de sa gloire.

Pour éviter ce piège qui vous empêcherait d'avancer dans la voie de la perfection, et pour vous habituer à ne rien vouloir et à ne rien faire que sous l'impulsion de la grâce et dans le seul but d'honorer et de satisfaire celui qui veut être le principe et le but unique de toutes nos actions et de toutes nos pensées, voici le moyen que vous avez à prendre. Quand une occasion se présente de faire quelque bonne œuvre, attendez pour vous y porter que vous ayez premièrement élevé votre esprit à Dieu, afin de vous assurer qu'il veut que vous la fassiez, et que vous-même vous ne la voulez que pour vous conformer à sa volonté et lui être agréable.

Votre volonté ainsi excitée et attirée par celle de Dieu, se pliera facilement à vouloir ce que Dieu veut, parce qu'il le veut, uniquement en vue de son bon plaisir et de sa gloire.

Agissez de même à l'égard des choses que Dieu ne veut pas, ne les rejetez qu'après avoir arrêté l'œil de votre intelligence sur cette volonté de Dieu qui veut que vous les rejetiez en vue de lui plaire.

Il faut toutefois observer que la nature a mille artifices pour nous induire en erreur. En se cherchant elle-même, elle nous persuade que nous agissons dans le but de plaire au Seigneur, tandis que nous avons tout autre chose en vue.

De là vient que ce que nous embrassons ou rejetons par pur intérêt, nous croyons souvent l'embrasser ou le rejeter dans le but de plaire à Dieu ou dans la crainte de lui déplaire.

À cette illusion si dangereuse, il y a un remède essentiel, radical : la pureté du cœur. Elle consiste à nous dépouiller du vieil homme et à nous revêtir du nouveau. C'est, on le voit, le but auquel doivent tendre tous nos efforts dans ce combat spirituel.

Mais pour ne pas trop entreprendre à la fois, voici le moyen que je vous propose, maintenant que vous êtes encore plein de vous-même. Au commencement de vos actions, appliquez-vous à vous dépouiller autant que possible de tout mélange où vous soupçonnez qu'il entre un élément humain, et à ne rien vouloir, rien embrasser, rien rejeter que vous ne vous y sentiez auparavant poussé ou attiré par le seul motif de la volonté de Dieu.

Si dans toutes vos actions, et particulièrement dans les mouvements intérieurs de l'âme et les actes extérieurs qui ne durent qu'un instant, vous ne pouvez pas sentir toujours l'influence actuelle de ce motif, faites en sorte du moins qu'il se trouve virtuellement dans chacune de vos actions en conservant l'intention générale de les faire toutes pour plaire au Seigneur.

Mais dans les actions qui ont quelque durée, ce n'est pas assez d'exciter en vous ce motif au moment de vous mettre à l'œuvre, il faut le renouveler souvent et le tenir éveillé jusqu'à la fin. Sinon, vous courez le risque d'être pris au piège de l'amour-propre. Toujours plus enclin à retomber sur lui-même qu'à s'élever vers Dieu, l'amour-propre profite de l'instant de répit que nous lui donnons pour nous faire changer insensiblement d'intention et d'objet.

Le chrétien qui manque de vigilance à cet égard peut, il est vrai, commencer ses actions dans le seul but de plaire à Dieu, mais peu à peu et comme à son insu, il se laisse aller au sentiment de la vaine gloire, si bien qu'oubliant la volonté divine, il s'en détourne pour s'attacher au plaisir qu'il trouve en son œuvre, et à l'utilité ou à l'honneur qu'il peut en retirer.

Si Dieu lui-même lui envoie une infirmité, un contretemps, un obstacle quelconque qui l'empêche de continuer son œuvre, il tombe dans le trouble et l'inquiétude, il se plaint tantôt de celui-ci, tantôt de celui-là, quand il ne va pas jusqu'à se plaindre de Dieu même.

C'est là une preuve évidente que son intention n'était pas dirigée uniquement vers Dieu, mais qu'elle venait d'une racine gâtée et d'un fond corrompu. Quiconque, en effet, suit l'impulsion de la grâce et agit en vue de plaire à Dieu n'a de préférence pour rien. Il ne veut que ce que Dieu veut, de la manière et au temps qu'il lui plaît. Quelle que soit l'issue de ses entreprises, il est heureux et tranquille. De toute façon, il arrive à la fin qu'il s'était proposée : l'accomplissement de la volonté divine.

Tenez-vous donc bien recueilli en vous-même

et soyez attentif à rapporter toutes vos actions à une fin si noble et si parfaite.

Et si, parfois, la disposition de votre âme vous porte à faire le bien dans le but d'éviter les peines de l'enfer, vous pouvez, en cela encore, vous proposer pour fin dernière de plaire au Seigneur et de satisfaire le désir qu'il a de vous voir échapper à l'enfer et entrer dans son royaume.

Jamais on ne comprendra tout ce que ce motif renferme de force et de vertu. L'action la plus humble, faite en vue de plaire à Dieu seul et de procurer sa gloire, l'emporte infiniment sur les œuvres les plus importantes faites dans un autre but.

C'est ainsi que l'aumône d'un denier, faite uniquement pour plaire à sa divine majesté, est plus agréable au Seigneur que l'abandon d'une fortune immense faite dans le but, si bon pourtant et si désirable, de se procurer ainsi la jouissance des biens éternels.

Cette pratique de faire toutes nos actions en vue de plaire à Dieu pourra dès le principe vous paraître pénible, mais l'usage vous la rendra aisée et facile. Pour cela, tournez vers Dieu les désirs et les affections de votre cœur. Aspirez à lui comme à votre unique et suprême trésor, comme au bien infiniment parfait, digne, à cause de sa perfection même, d'être recherché, servi et souverainement aimé par toutes les créatures.

Plus notre intelligence s'attachera à considérer les titres infinis que Dieu présente à nos hommages et à notre amour, plus les affections de notre volonté deviendront tendres et fréquentes, et partant, plus vite et plus facilement se formera en nous l'habitude de rapporter toutes nos actions à Dieu.

J'ajoute un dernier avis. Pour obtenir cette grâce incomparable, demandez-la instamment au Seigneur, et considérez souvent les bienfaits sans nombre qu'il vous a accordés et qu'il vous accorde encore tous les jours, sans aucun avantage pour lui-même et par un pur effet de son amour.

11. De quelques considérations qui peuvent porter notre volonté à se conformer en tout au bon plaisir de Dieu.

Pour amener plus facilement votre volonté à ne vouloir en toute chose que le bon plaisir et la gloire de Dieu, rappelez-vous qu'il vous a, le premier, entouré de témoignages d'honneur et de marques d'amitié.

C'est lui qui vous a tiré du néant, vous a formé à son image et a fait toutes les autres créatures pour votre service.

C'est lui qui vous a donné pour rédempteur non pas un ange, mais son Fils unique lui-même, avec mission de vous racheter non pas à prix d'argent et d'or, qui sont des choses corruptibles, mais au prix de son sang précieux et de sa mort cruelle et ignominieuse.

C'est lui qui, à toute heure, à tout instant vous

garde contre vos ennemis, combat avec vous par sa grâce et tient à votre disposition, comme défense et comme nourriture, le corps de son Fils bien-aimé. Ne sont-ce pas là autant de preuves irrécusables de l'estime et de l'amour que ce grand Dieu a pour des créatures aussi viles, aussi misérables que nous. Jamais personne ne la pourra concevoir, comme aussi personne ne comprendra jamais la reconnaissance que nous devons à cette majesté souveraine pour les bienfaits signalés qu'elle nous a si libéralement accordés.

Si les grands de la terre se croient obligés de rendre aux pauvres et aux personnes de basse condition les marques de respect qu'ils en reçoivent, que fera notre bassesse pour répondre à l'estime et à l'amour dont la majesté divine se plaît à nous honorer ?

Tenez par-dessus tout cette vérité profondément gravée dans votre mémoire que l'infinie majesté de Dieu mérite d'être honorée et servie uniquement dans le but de lui plaire.

12. Des différentes volontés de l'homme et de la guerre qu'elles se font entre elles.

Bien qu'il y ait en nous deux volontés, l'une qui fait partie de la raison et que l'on appelle à cause de cela volonté raisonnable et supérieure, l'autre qui a son siège dans les sens et qu'on désigne sous le nom de volonté inférieure et sensuelle, ou plus communément sous les noms d'appétit, de sens, de passion, toutefois, comme on n'est homme que par la raison, ce n'est pas, à proprement parler, vouloir une chose que d'y être porté par le seul mouvement des sens. Il faut, pour qu'il y ait vouloir véritable, l'assentiment de la volonté supérieure.

La guerre spirituelle que nous avons à soutenir vient principalement de ce que la volonté raisonnable a, au-dessus d'elle, la volonté divine, et, au-dessous, la volonté des sens. Placée au milieu, elle se trouve engagée dans un combat sans trêve, chacune de ces deux volontés cherchant à l'attirer à son parti et à l'assujettir à sa puissance.

Ce combat, au début surtout, est extrêmement pénible à ceux qui, après avoir contracté de mauvaises habitudes, prennent la résolution de changer de vie et de s'arracher aux étreintes du monde et de la chair pour se dévouer au service et à l'amour de Jésus-Christ. En butte aux assauts de la volonté, elle souffre cruellement des coups multipliés qu'elle reçoit.

Tout autre est la condition de ceux qui se sont déjà fait de la vertu ou du vice une habitude invétérée et se proposent de continuer le genre de vie dans lequel ils se sont engagés.

Les uns, formés à la vertu, se soumettent sans difficulté à la volonté de Dieu, les autres, corrompus par le vice, se plient sans résistance aux exigences des passions.

Mais que personne ne s'imagine pouvoir acquérir une vertu solide et servir Dieu comme il faut, s'il n'est résolu à se faire violence à lui-même. Il ne suffit pas en effet de renoncer aux plaisirs coupables : il faut, en outre, se détacher de toute affection terrestre.

C'est ce qui fait que peu d'âmes arrivent à la perfection chrétienne. Après avoir surmonté, au prix de grands efforts, les vices plus considérables, elles reculent devant la violence qu'elles ont à se faire pour résister à une infinité de petites volontés et de passions moins considérables qui se fortifient par les succès continuels qu'elles remportent, et finissent par exercer un empire absolu sur leur cœur.

C'est ainsi qu'il se rencontre des personnes qui, sans vouloir s'approprier le bien d'autrui, s'attachent outre mesure à ce qu'elles possèdent. Elles ne veulent pas arriver aux honneurs par des moyens défendus, mais elles ne les fuient pas comme elles devraient le faire. Elles les désirent même et emploient pour y parvenir des moyens qu'elles croient honorables. Elles observent les jeûnes d'obligation, mais elles aiment la bonne chère et les mets délicats. Elles vivent dans la continence, mais elles s'affectionnent à certains plaisirs qui nuisent considérablement à la vie spirituelle et à l'union de l'âme avec Dieu. Ce sont là toutes choses fort dangereuses pour les personnes, même les plus saintes, et plus particulièrement pour celles qui les craignent le moins. Nous ne saurions donc les éviter avec trop de soin.

Cet attachement aux choses de la terre est cause encore que l'on fait ses bonnes œuvres avec tiédeur et qu'on y mêle beaucoup d'amour-propre et d'imperfections cachées, une estime exagérée de soi-même et un désir secret d'être loué et applaudi par les hommes.

Ceux qui se laissent aller à ces défauts, non seulement n'avancent pas dans la voie du salut, mais, retournant en arrière, ils courent grand risque de retomber dans leurs anciens vices, parce qu'ils n'aiment point la vertu véritable, qu'ils sont peu reconnaissants envers Jésus-Christ qui les a délivrés de la tyrannie du démon et que, fermant les yeux sur le péril qu'ils courent, ils s'endorment dans une trompeuse sécurité. Faisons remarquer ici une illusion d'autant plus dangereuse qu'elle est plus difficile à découvrir.

Parmi les personnes qui s'adonnent à la vie spirituelle, il s'en rencontre un bon nombre qui, s'aimant trop elles-mêmes, ou plutôt ignorant la bonne manière de s'aimer, choisissent parmi les exercices spirituels ceux qui sont plus conformes à leur goût, et laissent là ceux qui vont à l'encontre de leurs penchants naturels, sur lesquels pourtant ils devraient concentrer tout l'effort de la lutte.

Je vous conseille donc, âme chrétienne, et je vous conjure d'aimer la peine qu'on éprouve à se vaincre soi-même. C'est de là que tout dépend : la victoire sera d'autant plus prompte et plus assurée que vous aimerez davantage les difficultés

Chapitre 12

que la lutte présente à ceux-là surtout qui marchent pour la première fois à la conquête de la vertu. Et si vous avez plus d'ardeur pour la fatigue du combat que pour les douceurs de la victoire, nul doute que vous n'arriviez plus promptement encore au terme de vos désirs.

13. De quelle manière il faut combattre la sensualité, et quels actes la volonté doit produire pour acquérir les habitudes des vertus.

Lorsque vous sentez la volonté de Dieu et l'appétit sensitif se disputer la possession de votre cœur, vous devez, pour faire triompher en vous la volonté divine, prendre les moyens suivants.

Dès que les mouvements de l'appétit sensitif s'élèvent en vous, opposez-leur une vigoureuse résistance, de peur qu'ils n'entraînent à leur suite la volonté supérieure. Ces premiers mouvements apaisés, réveillez-les en vous pour les réprimer avec plus de force et de vigueur. Provoquez-les ensuite à un troisième combat, afin de vous accoutumer à les repousser avec horreur et dédain.

Ces deux derniers moyens sont excellents

pour dompter les appétits désordonnés, hormis pourtant les passions charnelles dont nous parlerons en un autre endroit.

Enfin, produisez des actes opposés aux passions que vous voulez vaincre.

Un exemple éclaircira ma pensée.

Vous êtes, je suppose, porté aux mouvements d'impatience. Si vous êtes bien recueilli en vous-même et attentif à ce qui se passe dans votre intérieur, vous remarquerez que ces mouvements s'attaquent sans relâche à la volonté supérieure pour la faire fléchir et obtenir son consentement.

Usez alors du premier moyen que nous avons indiqué ; opposez à chacun de ces mouvements une résistance opiniâtre, et faites tous vos efforts pour empêcher la volonté d'y donner son consentement. N'abandonnez pas la lutte avant que l'ennemi, abattu et terrassé, vous ait rendu les armes.

Mais voyez la malice du démon. Lorsqu'il s'aperçoit que nous résistons courageusement aux mouvements d'une passion quelconque, il cesse de les exciter en nous, et cherche même à les apaiser. Il veut par là nous empêcher d'acquérir, à l'aide de cet exercice, l'habitude de la vertu contraire, et nous faire tomber dans les pièges de la vaine gloire et de l'orgueil, en nous insinuant qu'il ne nous a fallu, comme aux vaillants soldats, qu'un instant pour faire tomber l'ennemi à nos pieds.

Vous passerez donc au second combat : vous rappellerez à votre mémoire et réveillerez en vous-même les pensées qui vous ont excité à l'impatience, et quand vous sentirez l'émotion gagner la partie sensitive, vous en réprimerez les mouvements avec un redoublement de force et de vigueur.

Bien que nous repoussions nos ennemis en vue de bien faire et de nous rendre agréables à Dieu, il n'en est pas moins vrai que bien souvent nous n'avons pas pour eux toute la haine qu'ils méritent, et qu'ainsi nous courons le risque de succomber à de nouvelles attaques.

Pour échapper à ce danger, livrez-leur un troisième assaut et chassez-les loin de vous, non seulement avec des sentiments d'aversion, mais avec un suprême mépris, jusqu'à ce qu'ils ne soient plus pour vous qu'un objet d'horreur et d'abomination. Enfin, pour orner et enrichir votre âme des habitudes des vertus, il faut produire des actes intérieurs directement contraires à vos passions déréglées.

Vous voulez, par exemple, acquérir l'habitude de la patience, et voilà qu'une marque de mépris qu'on vous donne fait naître en vous un mouvement d'impatience. Ne croyez pas qu'il vous suf-

CHAPITRE 13

fise de prendre les trois moyens que j'ai indiqués plus haut. Non, il faut en outre aimer l'affront qu'on vous fait, désirer d'être souvent méprisé de la même manière et par la même personne, et vous disposer à souffrir de plus grands outrages encore.

La nécessité où nous sommes pour arriver à la perfection de poser des actes de vertus contraires aux vices qui nous assiègent vient de ce que les autres actes, si vigoureux et si multipliés qu'ils soient, sont impuissants à arracher la racine du mal.

Ne sortons point de notre exemple. Quoique nous refusions notre consentement aux mouvements d'impatience que les affronts éveillent en nous, que nous employions même pour les dompter les trois moyens mentionnés plus haut, il n'en est pas moins vrai qu'à moins de nous habituer, à l'aide d'actes souvent répétés, à aimer les opprobres et à nous en réjouir, jamais nous ne pourrons nous débarrasser entièrement du vice de l'impatience qui a pour racine l'horreur de tout ce qui va à l'encontre du besoin d'estime que nous ressentons naturellement en nous-mêmes.

Aussi longtemps que cette racine vicieuse demeure vivante en notre cœur, elle pousse continuellement des rejetons qui rendent la vertu languissante et finissent parfois par l'étouffer entièrement, sans compter qu'elle nous tient dans un péril continuel de retomber à la première occasion qui se présentera.

Il suit de là que, si nous ne posons des actes contraires aux vices que nous voulons combattre, jamais nous n'acquerrons l'habitude solide des vertus.

Encore faut-il que ces actes soient souvent répétés. L'habitude du vice s'est formée en nous par la multiplication des actes vicieux : il faut donc des actes multipliés pour l'extirper de notre cœur et y introduire l'habitude de la vertu.

Je vais plus loin, et je dis qu'il faut plus d'actes bons pour former en nous l'habitude de la vertu que d'actes mauvais pour y créer l'habitude du vice, par la raison que la corruption de notre nature favorise cette dernière habitude, et va à l'encontre de la première.

J'ajoute aux précédentes observations que, si la vertu à laquelle vous vous exercez le comporte, vous devez joindre aux actes intérieurs les actes extérieurs correspondants.

Ainsi, pour nous tenir toujours au même exemple, vous devez répondre avec douceur et charité à ceux qui vous maltraitent et profiter des occasions que vous aurez de leur rendre service.

Si faibles que vous paraissent ces actes intérieurs et extérieurs, votre volonté semblât-elle même n'y point avoir de part, gardez-vous bien de les abandonner : nonobstant leur faiblesse apparente, ils vous soutiennent dans le combat et vous aplanissent le chemin de la victoire.

Soyez attentifs à ce qui se passe au-dedans de vous et attachez-vous à combattre jusqu'aux moindres mouvements désordonnés que vous y découvrirez. Les petites passions ouvrent la voie aux grandes, et les habitudes vicieuses finissent par s'emparer de notre âme.

Combien, pour avoir négligé de résister aux attaques légères d'une passion dont ils avaient repoussé les plus violents assauts, combien, dis-je, attaqués ensuite plus vigoureusement au moment où ils y songeaient le moins, ont subi une défaite plus désastreuse que jamais.

Je vous conseille encore de vous appliquer à mortifier vos désirs, même dans les choses permises. Cette mortification vous procurera de grands avantages et vous rendra plus facile et plus prompte la victoire à remporter sur vous-même dans les choses défendues. Vous en deviendrez plus fort et plus aguerri dans le combat que vous soutenez contre vos tentations, vous éviterez diverses embûches du démon et vous vous rendrez en même temps très agréable au Seigneur.

Laissez-moi vous parler clairement. Si vous persévérez dans ces exercices si salutaires, si propres à réformer votre intérieur et à vous faire triompher de vous-même, je vous promets que vous avancerez à grands pas dans la voie de la perfection et que vous deviendrez véritablement spirituel, et non pas de nom seulement.

Mais si vous vous engagez dans une autre voie, si vous choisissez d'autres pratiques, quelque excellentes que ces pratiques vous paraissent, quelques délices que vous y goûtiez, eussiez-vous même la persuasion d'être étroitement uni à Dieu et de vous entretenir intimement avec lui, soyez convaincu que jamais vous n'acquerrez la véritable spiritualité. La perfection, vous ai-je dit au chapitre premier, ne consiste pas dans les pratiques qui charment et flattent notre nature, mais dans les exercices qui l'attachent à la croix avec toutes ses affections. C'est par là que les vertus s'acquièrent et que l'homme intérieurement renouvelé s'unit à son Sauveur crucifié et à son divin Créateur.

S'il est clair pour tous que les habitudes vicieuses se forment par les actes réitérés de la volonté supérieure cédant aux appétits des sens, il n'est pas moins évident que les saintes habitudes s'acquièrent par la fréquente répétition d'actes conformes à la volonté divine qui nous appelle à pratiquer tantôt une vertu, tantôt une autre.

De même que la volonté, malgré les assauts

violents qu'elle subit du côté des sens et des passions, ne peut devenir l'esclave du vice et des désirs terrestres, si elle ne cède elle-même à l'effort de la tentation, de même aussi elle ne peut, quelque forte que soit l'action de la grâce, devenir véritablement vertueuse et unie à Dieu, si elle ne se conforme par ses actes intérieurs, et au besoin par ses actes extérieurs, aux inspirations de la grâce divine.

14. De la conduite à tenir quand la volonté semble vaincue et dominée par l'appétit sensitif.

S'il vous semble parfois impossible de repousser les assauts des passions et des ennemis qui vous obsèdent, et cela parce que vous ne sentez point en vous-même une volonté efficace de leur résister, tenez bon cependant : vous avez le droit de vous croire victorieux, aussi longtemps que vous n'aurez point la certitude d'avoir succombé.

Comme la volonté supérieure n'a pas besoin de l'appétit sensitif pour produire les actes qui lui sont propres, jamais la violence de l'attaque ne peut, malgré elle, la forcer à s'avouer vaincue.

Dieu a doué notre volonté d'une liberté et d'une force telles qu'alors même que toutes les passions, tous les démons et toutes les créatures se ligueraient ensemble pour la combattre, elle conserverait, en dépit de leurs efforts, une liberté complète de faire ce qu'elle veut et de ne pas faire ce qu'elle ne veut pas, et cela autant de fois, aussi longtemps, de la manière et pour la fin que bon lui semble.

Si vos ennemis vous attaquent et vous pressent avec tant de violence que votre volonté, en quelque sorte étouffée, ne puisse plus reprendre haleine pour se dégager de leur étreinte, ne perdez point courage, et ne jetez point les armes : mais appelez la parole à votre aide et criez au tentateur : *Jamais je ne céderai à tes suggestions. Arrière, arrière : je ne veux point de toi.* Faites comme un homme qui, se trouvant aux prises avec un ennemi acharné et ne pouvant le percer de son épée, le frappe avec le pommeau. Et de même qu'il s'efforce de reculer de quelques pas pour pouvoir donner de la pointe à son adversaire, ainsi retirez-vous en vous-même, considérez votre impuissance et votre néant, et, ranimant votre confiance en Dieu, élancez-vous sur la passion ennemie, en vous écriant : *Aidez-moi, ô Seigneur et mon Dieu ; Jésus et Marie, venez à mon secours, de peur que je ne succombe.*

Et si l'ennemi vous en laisse le temps, appelez l'entendement au secours de la volonté. Faites les considérations qui vous sembleront les plus propres à relever votre courage et à ranimer vos forces épuisées. Prenons un exemple.

Vous êtes, je suppose, sous le poids d'une persécution ou de toute autre peine et vous vous sentez porté à l'impatience au point de ne pouvoir ou de ne vouloir plus rien souffrir. Fortifiez votre volonté en arrêtant votre pensée sur les considérations suivantes ou sur d'autres semblables.

Premièrement, voyez si vous ne méritez pas le mal que vous endurez, et si vous n'y avez pas donné occasion. Si ce mal est arrivé par votre faute, dites-vous que ce n'est que justice de souffrir patiemment les blessures que l'on s'est infligé à soi-même.

Deuxièmement, si vous n'avez rien à vous reprocher à cet égard, rappelez à votre souvenir les fautes dont Dieu ne vous a pas encore châtié ou que vous n'avez pas encore expiées vous-même par la pénitence et, voyant que Dieu daigne en sa miséricorde commuer la peine éternelle ou temporelle qui vous était réservée dans l'autre monde en cette peine incomparablement plus légère qu'il vous envoie ici-bas, recevez-la non seulement avec joie, mais avec actions de grâces.

Troisièmement, si vous voyez avoir fait beaucoup de pénitences et peu offensé la majesté divine (pensée contre laquelle il faut vous prémunir

Chapitre 14

toujours), songez qu'on n'entre dans le royaume des cieux que par la porte étroite des tribulations.

Quatrièmement, considérez que si une autre voie vous était ouverte, la loi d'amour devrait vous empêcher de la suivre, puisque le Fils de Dieu et les saints, qui sont ses membres, sont entrés au Ciel par un chemin semé d'épines et de croix.

Enfin, ce que vous devez surtout envisager ici et en toutes choses, c'est la volonté de Dieu : il a tant d'amour pour vous qu'il prendra un plaisir extrême à voir les actes de vertu et de mortification que vous accomplirez pour correspondre à son affection et vous montrer fidèle et généreux défenseur de sa cause.

Tenez pour certain que plus la persécution sera injuste et odieuse de la part de son auteur, et partant plus pénible pour vous, plus aussi votre constance sera agréable au Seigneur. Elle lui montrera que, jusque dans les choses répréhensibles en elles-mêmes et pour vous remplies d'amertume, vous savez approuver et aimer cette volonté adorable qui fait plier sous sa loi les événements qui lui sont le plus contraires et les ramener à l'ordre invariable de sa Providence.

15. Quelques avis touchant la manière de combattre, et spécialement contre qui et avec quel courage il faut le faire.

Vous connaissez les moyens à prendre pour vous vaincre vous-même et embellir votre âme des ornements de la vertu.

Apprenez aujourd'hui que, pour triompher de vos ennemis avec plus de promptitude et de facilité, il est éminemment utile, nécessaire même, que vous déclariez une guerre continuelle à vos vices et tout spécialement à l'amour-propre, et que vous vous accoutumiez à aimer, comme vos plus chères délices, les mépris et les outrages que le monde vous prodiguera.

Si les victoires sont difficiles, rares, incomplètes et peu durables, il faut, ainsi que je l'ai insinué déjà, en attribuer la cause au peu de soin que l'on apporte à se préparer à ce combat et au peu d'estime qu'on en fait.

Sachez, en outre, que ce combat doit être soutenu avec un courage à toute épreuve. Ce courage, vous l'obtiendrez infailliblement si vous le demandez à Dieu et si, après avoir considéré la rage de vos ennemis, la haine implacable qui les anime et les bataillons nombreux dont ils disposent, vous songez que la bonté de Dieu et son amour pour vous l'emportent infiniment sur la haine des démons, et que les anges et les élus qui combattent avec vous sont plus nombreux que les satellites de Satan.

C'est cette considération qui a rendu tant de faibles femmes victorieuses de la puissance et de la sagesse du monde, des assauts des passions et de la rage de l'enfer.

Que l'ennemi donc redouble d'efforts, que la lutte se prolonge au point de vous faire croire qu'elle ne finira qu'avec votre vie, qu'elle vous menace de plusieurs côtés à la fois d'une ruine presque certaine, ce n'est pas une raison de vous épouvanter. Sans revenir sur ce que nous avons déjà dit, vous devez savoir que toutes les forces et tous les artifices de nos ennemis sont dans les mains du divin capitaine pour l'honneur duquel nous combattons. Puisqu'il a ce combat en si grande estime et qu'il nous y appelle avec tant d'instances, il ne permettra pas que vos ennemis vous surprennent, mais il combattra lui-même pour vous et les livrera vaincus entre vos mains, à l'heure qui lui plaira, mais toujours à votre plus grand avantage, dût-il différer la victoire jusqu'au dernier jour de votre vie.

Tout ce qu'il demande de vous, c'est que vous combattiez généreusement et que, si nombreuses que soient vos blessures, vous ne déposiez jamais les armes, ni ne preniez la fuite.

Enfin, pour soutenir vigoureusement la lutte, sachez qu'elle est inévitable, et que refuser le combat, c'est assurer votre défaite et votre ruine.

Vous avez affaire à des ennemis si acharnés à votre perte, qu'il n'y a ni paix, ni trêve à espérer de leur part.

16. Comment le soldat de Jésus-Christ doit se mettre en campagne dès le matin.

La première chose que vous avez à faire à votre réveil, c'est d'ouvrir les yeux de l'âme et de vous considérer comme en un champ clos, avec cette loi expresse que celui qui ne combat pas doit périr à jamais.

Là, vous vous figurerez être en présence de votre ennemi, je veux dire de cette inclination mauvaise que vous avez déjà entrepris de combattre et qui se tient tout armée pour vous blesser et vous donner la mort.

À votre droite, vous verrez Jésus-Christ votre invincible capitaine, la Vierge Marie avec saint Joseph son époux bien-aimé, d'innombrables troupes d'anges et de saints, parmi lesquels l'archange saint Michel ; à votre gauche, vous verrez le démon et ses satellites prêts à exciter la passion ennemie et à vous persuader de céder à ses suggestions.

Vous vous imaginerez alors entendre la voix de votre ange gardien, vous parlant de la sorte :

Vous avez aujourd'hui à combattre contre cet ennemi, et contre d'autres encore. Ne craignez point, ne perdez point courage ; ne cédez ni à la frayeur ni à quelque considération que ce soit car votre Seigneur et votre capitaine est ici près de vous avec ses glorieuses phalanges, pour combattre avec elles contre vos ennemis et il ne souffrira pas qu'ils vous soumettent par la force ou la ruse. Demeurez ferme, faites-vous violence, quoiqu'il doive vous en coûter parfois. Criez souvent au secours du plus profond de votre cœur, appelez à votre aide votre Seigneur, la Vierge Marie et tous les saints, et vous remporterez infailliblement la victoire. Si vous êtes faible et peu aguerri, si vos ennemis sont forts et nombreux, songez que les troupes de celui qui vous a créé et racheté sont plus nombreuses encore, que votre Dieu est infiniment plus puissant que votre ennemi et qu'il désire bien plus ardemment vous sauver que le démon ne désire vous perdre. Combattez donc et ne vous lassez jamais de souffrir : de cette fatigue, de la violence que l'on déploie contre ses mauvaises inclinations, de la peine que l'on éprouve à surmonter les habitudes mauvaises, naissent la victoire et ce trésor inestimable qui procure le royaume du Ciel, et l'éternelle union de l'âme avec son Dieu.

Vous commencerez le combat au nom du Seigneur et vous prendrez pour armes la défiance de vous-même, la confiance en Dieu, la prière et l'exercice de vos puissances spirituelles. Vous appellerez au combat cet ennemi et cette passion que vous vous êtes proposé de vaincre, selon l'ordre indiqué ci-dessus ; vous lui apposerez tantôt la résistance, tantôt la haine, tantôt les actes de la vertu contraire, lui donnant ainsi coup sur coup des blessures mortelles, pour plaire aux regards de votre divin Maître qui est là, avec toute l'Église triomphante, à contempler votre combat.

Je vous répète que vous ne devez point vous lasser de combattre, mais considérer l'obligation qui nous incombe à tous de servir Dieu et de lui plaire, et la nécessité où nous sommes de combattre, attendu que nous ne pouvons abandonner le champ de bataille sans être blessés et blessés à mort.

J'ajoute qu'en fuyant loin de Dieu comme un rebelle, et en vous donnant au monde et aux plaisirs de la chair, vous n'échapperez point à la peine. Il vous faudra combattre malgré vous, et vous serez en butte à tant de contrariétés que vous sentirez souvent la sueur inonder votre front et des angoisses mortelles pénétrer votre cœur.

Considérez ici quelle folie il y aurait à s'imposer un travail si rude, avec la perspective de tourments infiniment plus horribles et d'une mort éternelle, et cela pour échapper à une peine passagère qui nous conduit à la vie éternelle et infiniment heureuse où l'âme jouit de la présence de son Dieu.

17. De l'ordre à suivre dans la lutte que nous avons à soutenir contre nos passions.

Il est extrêmement important de connaître l'ordre à suivre dans ce combat, afin de ne pas agir au hasard et par caprice, comme plusieurs le font au préjudice de leur salut.

Pour lutter avec fruit contre vos ennemis et vos inclinations vicieuses, vous devez d'abord rentrer en vous-même et examiner avec soin quelles sont les pensées et les sentiments qui vous occupent habituellement, quelle est la passion qui domine en vous et tyrannise votre cœur. C'est contre cette passion spécialement que vous devez prendre les armes et lutter.

S'il arrive que d'autres ennemis vous attaquent, marchez d'abord à celui qui vous fait la guerre actuellement et de plus près, et puis vous retournerez à votre principale entreprise.

18. De quelle manière il faut combattre les mouvements soudains des passions.

Si vous n'êtes pas encore accoutumé à parer les coups inopinés des injures ou de toute autre contrariété, attachez-vous, pour acquérir cette habitude, à les prévoir, à les souhaiter ensuite plusieurs et plusieurs fois, et attendez-les avec un esprit préparé à la lutte. Le moyen de les prévoir, c'est, après vous être rendu compte de la nature de vos passions, de considérer les personnes à qui vous avez affaire et les lieux où vous savez devoir les rencontrer. De la sorte, il vous sera facile de conjecturer les assauts que vous aurez à soutenir.

Le soin que vous mettrez à tenir votre âme préparée aux événements prévus vous sera d'un grand secours, même dans le cas d'un accident prévu. Mais voici, en outre, un moyen que je vous conseille.

Dès que vous commencerez à sentir l'émotion que vous cause une injustice ou une affliction quelconque, efforcez-vous d'élever votre esprit vers Dieu ; considérez son ineffable bonté et son amour pour vous. Pensez que, s'il vous envoie cette adversité, c'est afin qu'en la supportant pour son amour, votre âme devienne plus pure, s'approche de lui et contracte une union plus étroite avec lui.

Après avoir considéré combien Dieu se plaît à vous voir supporter patiemment cette adversité, adressez-vous à votre âme et faites-lui ces reproches : *Pourquoi ne veux-tu pas porter cette croix qui te vient, non de telle ou telle personne, mais de ton Père céleste lui-même ?* Puis, vous tournant vers la croix, embrassez-la avec le plus de patience et de joie qu'il vous sera possible, et dites-lui : *Ô croix préparée par la Providence divine bien longtemps avant ma naissance ! ô croix rendue douce par l'amour ineffable de mon Jésus crucifié, attachez-moi désormais à vous, afin que je sois tout entier à celui qui m'a racheté en mourant sur vos bras !*

Si la passion, victorieuse d'abord, vous empêche d'élever votre âme à Dieu et vous laisse une blessure au cœur, revenez à la charge au plus tôt, comme si vous n'aviez pas été blessé.

Chapitre 18

Mais le remède le plus efficace contre ces mouvements soudains de la passion, c'est de supprimer de bonne heure la cause qui les produit.

Si vous remarquez, par exemple, que l'affection que vous avez pour une chose est cause que la moindre traverse vous jette dans une soudaine altération d'esprit, le moyen d'y remédier, c'est de rompre cette attache. Mais si ce trouble provient non de la chose, mais de la personne même, si vous éprouvez pour elle une telle aversion que ses moindres actions vous chagrinent et vous impatientent, efforcez-vous, pour remédier à ce mal, d'incliner votre volonté à l'aimer et à la chérir, non seulement parce qu'elle est une créature formée comme vous de la main souveraine de Dieu et comme vous rachetée par son sang divin, mais parce qu'elle vous offre l'occasion d'acquérir, en la supportant, un trait de ressemblance avec votre Seigneur qui est plein d'amour et de bonté pour tous les hommes.

19. Comment il faut combattre le vice de l'impureté.

Vous devez combattre l'impureté d'une façon toute spéciale et entièrement différente de celle qui s'emploie pour les autres vices.

Pour procéder avec ordre en ce combat, il faut distinguer : le temps qui précède la tentation, le temps même de la tentation, et le temps qui suit la tentation.

Avant la tentation, il faut diriger le combat contre les occasions qui donnent ordinairement lieu à ce genre de tentations.

Premièrement, sachez que la manière de combattre ce vice, ce n'est pas de l'attaquer de front, mais ce vice avec tout le soin possible en toute occasion et avec toute personne qui présente le moindre danger pour vous.

Et si, parfois, vous êtes obligé de traiter quelque affaire avec ces sortes de personnes, faites-le promptement, avec un visage grave et modeste, et des paroles qui sentent plutôt la rudesse qu'une douceur et une affabilité excessive.

Que vous ne sentiez pas actuellement et que, durant tant et tant d'années passées au milieu du monde, vous n'ayez pas senti les aiguillons de la chair, ce n'est pas une raison pour vous dispenser des règles de la prudence, car ce vice maudit fait en une heure ce qu'il n'a pas fait en plusieurs années. Le plus souvent, il tient ses préparatifs cachés et ses coups sont d'autant plus funestes et plus incurables qu'il se couvre des dehors de l'amitié et n'éveille point de soupçon.

Souvent, les relations les plus à craindre, l'expérience l'a montré et le montre encore tous les jours, sont celles qui se continuent sous le prétexte qu'elles sont justifiées par la parenté, le devoir ou même la vertu de la personne qu'on aime. Il arrive en effet que le venin séduisant du plaisir se mêle à ces conversations prolongées et imprudentes, qu'il s'y infiltre insensiblement et que, s'insinuant à la fin jusqu'à la moelle de l'âme, il obscurcit de plus en plus la lumière de la raison.

On commence par compter pour rien les choses périlleuses, comme la tendresse des regards, l'échange de paroles affectueuses, les douceurs de la conversation ; et ces familiarités agréées de part et d'autre finissent par conduire à la ruine ou du moins à une tentation bien rude et bien difficile à surmonter.

Je vous répète, fuyez, car vous êtes formé d'une matière aussi inflammable que l'étoupe. Ne dites pas que vous êtes trempé et tout plein de l'eau d'une bonne et forte volonté, que vous êtes résolu et prêt à mourir plutôt que d'offenser Dieu, parce que, dans ces entretiens fréquents, la chaleur du feu fera peu à peu évaporer l'eau de la bonne volonté et, au moment où vous y penserez le moins, il se rendra si bien maître de votre cœur que vous n'aurez plus égard ni à la parenté, ni à l'amitié. Vous ne craindrez plus Dieu ; vous mépriserez l'honneur, la vie, et les tourments de l'enfer même. Fuyez donc, fuyez, si vous ne voulez pas être surpris, dompté et mis à mort.

Deuxièmement, évitez l'oisiveté, appliquez-vous avec vigilance et attention aux pensées et aux œuvres conformes à votre état.

Troisièmement, ne résistez jamais à vos supérieurs, obéissez-leur fidèlement, exécutez leurs ordres avec promptitude et avec d'autant plus d'ardeur qu'ils vous humilient et contrarient davantage votre volonté et votre inclination naturelle.

Quatrièmement, gardez-vous de juger témérairement votre prochain, surtout en matière d'impureté et, si sa chute est manifeste, ayez compassion de lui. Ne lui témoignez ni indignation, ni mépris, mais saisissez cette occasion de vous humilier et de mieux vous connaître ; confessez que vous n'êtes que poussière et néant ; approchez-vous de Dieu par la prière et fuyez plus que jamais tout commerce qui vous offrira ne fût-ce que l'ombre d'un danger.

Si vous êtes prompt à juger et mépriser les autres, Dieu vous corrigera à vos dépens : il permettra que vous tombiez dans les mêmes fautes, afin que vous reconnaissiez votre orgueil et qu'humilié par votre chute, vous cherchiez un remède à l'un et à l'autre vice.

Que si, tout en évitant de tomber, vous persistez dans les mêmes sentiments, sachez qu'il y a lieu d'avoir des doutes sérieux sur votre état.

Cinquièmement enfin, si Dieu vous accorde des consolations spirituelles, gardez-vous bien de vous complaire en vous-même et de vous imaginer que vous êtes quelque chose. Ne vous appuyez pas non plus sur les sentiments de dégoût, d'honneur et de haine profonde que vos ennemis vous inspirent pour vous persuader qu'ils ont abandonné le combat. Si vous manquez de circonspection, ils n'auront pas de peine à vous entraîner dans le mal.

Quand la tentation est présente, considérez si la cause qui l'a fait naître est intérieure ou extérieure.

J'entends par cause extérieure la curiosité des yeux ou des oreilles, le luxe des vêtements, les fréquentations et les entretiens qui portent au vice impur.

Le remède à employer en ce cas, c'est la pudeur et cette modestie qui tient les yeux et les oreilles fermés à tout ce qui est de nature à exciter les passions ; c'est par-dessus tout la fuite, ainsi que nous l'avons dit plus haut.

La cause intérieure, c'est la vigueur excessive du corps ou encore les pensées qui procèdent de nos mauvaises habitudes ou des suggestions du démon.

Il faut combattre la vigueur exagérée du corps par les jeûnes, les disciplines, les cilices, les veilles et les autres mortifications de ce genre, sans toutefois outrepasser les bornes assignées par la discrétion et l'obéissance.

Quant aux pensées mauvaises, de quelque part qu'elles viennent, voici les remèdes que vous devez leur opposer :

Chapitre 19

- l'application à divers exercices en rapport avec votre état,
- l'oraison et la méditation.

Voici comment doit se faire l'oraison.

Dès que vous commencez à vous apercevoir, je ne dis pas de la présence, mais de l'approche de ces sortes de pensées, recueillez-vous en vous-même et vous tournant vers Jésus crucifié, dites-lui : *Mon Jésus, mon doux Jésus, hâtez-vous de venir à mon aide, de peur que je ne tombe entre les mains de cet ennemi.*

Parfois aussi, embrassant la croix où votre Sauveur est attaché, baisez à plusieurs reprises les plaies sacrées de ses pieds et dites avec amour : *Ô plaies adorables, plaies chastes et saintes, blessez maintenant ce cœur impur et misérable, et préservez-moi du péché.*

Pour la méditation, je ne voudrais pas qu'au moment où les tentations charnelles vous pressent de toute part, vous vous arrêtiez à certaines considérations que beaucoup de livres conseillent d'opposer à ces tentations comme, par exemple, la honte attachée à cette passion, l'impossibilité de la satisfaire, les dégoûts et l'amertume qu'elle traîne à sa suite, les périls qu'elle occasionne, la ruine de la fortune, de la vie, de l'honneur et autres choses semblables.

Les considérations de ce genre ne sont pas toujours un moyen efficace pour vaincre la tentation, elles peuvent même causer un grave préjudice, car si, d'un côté, l'entendement chasse ces pensées, de l'autre il les rappelle et nous met en danger d'y prendre plaisir et d'y donner notre consentement. C'est pourquoi le remède véritable, c'est de fuir non seulement les pensées elles-mêmes, mais encore toutes les considérations qui peuvent les représenter à notre esprit, fussent-elles de nature à nous en inspirer l'horreur.

La méditation que vous devez choisir à cet effet, c'est la méditation de la vie et de la passion de Jésus-Christ.

Si, durant ce saint exercice, les mêmes pensées reviennent malgré vous à votre esprit et vous tourmentent plus que de coutume, comme vous devez vous y attendre, que ce ne soit pas une raison de vous épouvanter, ni de quitter la méditation pour vous tourner contre elles et les combattre. Contentez-vous de continuer votre méditation avec toute l'attention possible, ne vous souciant non plus de ces pensées que si elles n'étaient pas les vôtres. C'est la meilleure résistance à leur opposer, alors même qu'elles feraient une guerre continuelle.

Vous finirez votre méditation par cette prière

Chapitre 19

ou par quelque autre semblable : *Ô mon Créateur et mon Rédempteur, délivrez-moi de mes ennemis, en l'honneur de votre Passion et de votre ineffable bonté* ; et vous vous garderez bien de reporter la pensée vers ce malheureux vice, car son souvenir seul est plein de périls.

Ne vous arrêtez jamais à vous disputer avec la tentation, pour savoir si vous avez consenti ou non. Cet examen, quelque louable qu'il paraisse, n'est qu'un artifice dont le démon se sert pour vous inquiéter et vous porter à la défiance et au découragement. Ou bien encore il espère, en occupant votre esprit de ces pensées, vous faire consentir à une délectation coupable.

Si vous n'avez pas la certitude d'avoir consenti à la tentation, contentez-vous de déclarer en peu de mots à votre père spirituel ce que vous savez et, selon ce qu'il dira, tenez-vous en repos, et ne pensez plus à ce qui s'est passé.

Découvrez-lui fidèlement toutes vos pensées, sans qu'aucun respect humain, aucune mauvaise honte vous retienne jamais.

Que si nous avons besoin de la vertu d'humilité pour vaincre nos ennemis quels qu'ils soient, c'est ici surtout que nous devons nous humilier, attendu que ce vice est presque toujours un châtiment de l'orgueil.

Lorsque le temps de la tentation est passé,

voici ce que vous avez à faire. Quoique vous vous croyiez libre et en pleine sécurité, tenez votre esprit entièrement éloigné des objets qui ont donné naissance à la tentation et ne faites aucun compte des motifs de vertu ou de tout autre bien qui vous portent à agir autrement. C'est là un artifice de la nature corrompue et un piège de notre astucieux ennemi, qui se transforme en ange de lumière pour nous précipiter dans les ténèbres.

20. Des moyens à prendre pour combattre la négligence.

Pour ne pas tomber dans la misérable servitude de la négligence, servitude qui nous détournerait du chemin de la perfection et nous livrerait aux mains de nos ennemis, vous avez à fuir toute curiosité, toute attache terrestre, toute occupation étrangère aux devoirs de votre état.

Efforcez-vous ensuite d'obéir promptement aux inspirations du Ciel et aux ordres de vos supérieurs, faisant toute chose dans le temps et de la manière qu'ils le souhaitent.

Ne différez pas un seul moment, si court qu'il soit, parce que ce premier délai en amène un second, et celui-ci un troisième et beaucoup d'autres encore, auxquels notre sensualité se plie et cède bien plus facilement qu'aux premiers, amorcée et captivée qu'elle est par le plaisir qu'elle y a goûté.

Il en résulte que l'on commence l'action trop tard ou que, cédant au dégoût qu'elle inspire on l'omet totalement.

Et ainsi l'habitude de la négligence se forme insensiblement en nous et elle finit par prendre sur nous un tel empire qu'au moment même où elle tient nos mains liées, la honte que nous éprouvons de notre paresse extrême nous fait prendre la résolution d'être plus soigneux et plus diligents à l'avenir.

Cette négligence se répand partout. Non seulement elle infecte notre volonté de son poison en lui inspirant l'horreur du travail, mais elle aveugle notre entendement en l'empêchant de voir combien sont vaines et mal fondées les résolutions que nous prenons de remplir désormais nos obligations avec promptitude et diligence tandis qu'à l'heure même où elles s'imposent à nous, nous les omettons volontairement ou les remettons à plus tard.

Il ne suffit pas de faire promptement ce que l'on a à faire, mais il faut le faire au temps que requièrent la qualité et la nature de l'action, et y apporter le soin convenable pour qu'elle ait toute la perfection possible.

Ce n'est pas de la diligence, mais un raffinement de négligence, que de remplir nos obligations avant le temps marqué et de les expédier au plus vite, sans nous soucier de les bien remplir, afin de nous livrer tout à l'aise à ce repos paresseux qui poursuivait notre pensée, quand nous nous hâtions d'accomplir l'œuvre qui nous était imposée.

Ce grave désordre vient de ce que l'on ne considère pas le prix d'une bonne action faite au temps voulu et avec la ferme résolution d'affronter les difficultés que le vice de la négligence oppose aux chrétiens nouvellement engagés dans la lutte.

Considérez donc souvent qu'une seule aspiration vers Dieu, une simple génuflexion faite en son honneur, a plus de prix que tous les trésors du monde et que chaque fois que nous nous faisons violence à nous-mêmes et à nos passions déréglées, les anges apportent du Royaume des cieux pour notre âme une couronne glorieuse.

Songez au contraire que Dieu enlève peu à peu aux négligents les grâces qu'il leur avait données, tandis qu'il prodigue ses dons aux chrétiens diligents, en attendant qu'il les fasse entrer dans sa propre gloire.

Si, dans les commencements, vous ne vous sentez pas assez fort pour aller généreusement au-devant des peines et des difficultés, tâchez de vous les cacher à vous-même afin de les trouver moindres qu'elles ne paraissent aux yeux des paresseux.

Peut-être aurez-vous, pour acquérir la vertu à laquelle vous vous exercez, beaucoup d'actes à poser, des fatigues de plusieurs jours à surmonter, des ennemis nombreux et puissants à combattre. Commencez à former ces actes, comme si vous en aviez peu à produire, travaillez comme si votre travail ne devait durer que peu de jours, luttez contre un ennemi, comme s'il n'y avait que celui-là à combattre, et faites-le avec la ferme assurance qu'aidé de la grâce de Dieu, vous êtes plus fort que tous vos ennemis ensemble.

Par ce moyen, vous affaiblirez votre tendance à la paresse et vous disposerez votre âme à acquérir peu à peu la vertu contraire.

Faites de même pour l'oraison. Si votre oraison doit durer une heure et si ce temps effraie votre paresse, mettez-vous en prière comme si vous n'aviez qu'un demi-quart d'heure à prier. Vous arriverez ainsi sans difficulté au demi-quart d'heure suivant, et ainsi de suite jusqu'à ce que l'heure soit passée.

Si, au second demi-quart d'heure ou aux

demi-quarts suivants, vous sentez trop de répugnance et de difficulté, abandonnez cet exercice, de peur de vous en dégoûter, mais ayez soin de le reprendre peu de temps après.

Tenez la même conduite à l'égard des œuvres manuelles, toutes les fois qu'il vous arrivera d'avoir beaucoup de besogne et que votre paresse, en exagérant le nombre et la difficulté de vos occupations, jettera le trouble dans votre âme. Commencez courageusement et paisiblement le premier ouvrage comme si c'était le seul que vous eussiez à faire. Mettez-y tout votre soin et vous viendrez à bout de la besogne avec bien moins de peine que votre paresse ne vous le faisait croire.

Si vous négligez ce moyen, si vous n'allez pas au-devant des peines et des traverses, le vice de la paresse prendra sur vous un tel empire que les difficultés attachées aux débuts de la vie spirituelle seront pour vous une cause d'inquiétude et d'ennui, non seulement quand elles seront présentes, mais alors même qu'elles seront encore bien loin de vous. Vous craindrez toujours d'être tourmenté et assailli par vos ennemis, et de voir arriver près de vous des personnes prêtes à vous imposer des obligations nouvelles, si bien qu'au sein même du repos, votre vie sera en proie à une inquiétude continuelle.

Sachez que ce vice infecte de son poison caché

non seulement les jeunes et tendres racines qui devaient produire les habitudes des vertus, mais les racines mêmes des habitudes déjà acquises. Comme le ver ronge le bois, ainsi ce vice ronge insensiblement la moelle de la vie spirituelle. Le démon s'en sert pour tendre des embûches et des pièges à tous les hommes, mais particulièrement à ceux qui aspirent à la perfection.

Veillez donc, priez et faites de bonnes œuvres, et n'attendez point pour tisser le lin de votre robe nuptiale que le temps soit venu de vous en revêtir pour aller au-devant de l'époux.

Souvenez-vous chaque jour que celui qui vous donne le matin ne vous promet pas le soir, et qu'en vous donnant le soir, il ne vous promet pas le matin suivant. Employez donc tous les moments de l'heure selon le bon plaisir de Dieu et comme si vous n'aviez pas d'autre temps à attendre, d'autant plus que vous aurez à rendre au Seigneur un compte détaillé de tous les moments de votre vie.

Je finis en vous avertissant de regarder comme perdue toute journée, si occupée qu'elle ait été, où vous n'aurez pas remporté de victoire sur vos inclinations mauvaises et sur votre volonté propre, où vous n'aurez pas remercié le Seigneur de ses bienfaits et en particulier de la douloureuse Pas-

Chapitre 20

sion qu'il a endurée pour vous, ainsi que de ses doux et paternels châtiments, lorsqu'il vous aura jugé digne de recevoir le trésor inestimable de quelque tribulation.

21. De la manière de gouverner les sens extérieurs et comment on peut les faire servir à la contemplation des choses divines.

La direction et le bon gouvernement des sens extérieurs exigent une grande vigilance et une application constante, car l'appétit sensitif qui est, pour ainsi parler, le capitaine de notre nature corrompue, se précipite éperdument à la poursuite des plaisirs et des satisfactions charnelles. Dans l'impuissance où il est de se les procurer par lui-même, il emploie les sens, comme autant de soldats et d'instruments naturels, pour saisir les objets de sa convoitise ; et après s'en être formé une image, il l'attire à lui et l'imprime dans l'âme. C'est de là que vient le plaisir ; à la faveur de l'alliance étroite qui existe entre l'esprit et la chair, il se répand dans tous les sens qui en sont capables ; et il en résulte une contagion qui infecte tout ensemble le corps et l'âme, et finit par tout corrompre.

Vous connaissez le mal, apprenez le remède.

Soyez attentif à ne point laisser errer vos sens en liberté ; ne vous en servez point quand le seul plaisir vous y porte et qu'aucune raison d'utilité ou de nécessité n'en légitime l'usage. Et si, trompant votre vigilance, ils s'élancent trop en avant, faites en sorte de les retirer en arrière et de si bien les régler que les créatures, au lieu de les rendre comme auparavant misérablement esclaves des vains plaisirs, leur offrent un riche butin qu'ils pourront ensuite porter au-dedans de l'âme. Que l'âme alors recueillie en elle-même étende les ailes de ses puissances et s'élève à la contemplation de Dieu. C'est ce que vous pourrez faire de la manière suivante.

Lorsqu'un objet se présente à l'un de vos sens, efforcez-vous par la pensée de dégager de cet objet créé ce qu'il y a en lui de spirituel. Songez qu'il ne possède par lui-même aucune des propriétés qui tombent sous vos sens, mais qu'il doit à Dieu tout ce qu'il est, que Dieu, par son Esprit, lui donne d'une manière invisible l'être, la bonté, la beauté et toutes les qualités que vous admirez en lui. Réjouissez-vous alors de voir que votre Dieu est l'auteur et le principe unique des perfections si nombreuses et si variées des créatures, qu'il les renferme toutes éminemment en lui-même, et qu'elles ne sont qu'une imitation grossière de ses perfections infinies.

Quand vous vous surprendrez à admirer de belles choses, vous les réduirez, par la pensée, à leur propre néant ; puis vous tournerez l'œil de votre âme vers le souverain Créateur qui est présent en elles et qui leur a donné l'être et, ne prenant plaisir qu'en lui seul, vous vous écrierez : *Ô essence divine, essence souverainement désirable, combien je me réjouis de ce que vous êtes le principe unique et infini de tout être créé !*

Quand vous verrez des arbres, des plantes ou d'autres choses semblables, vous réfléchirez que la vie dont ces êtres sont doués, ils ne la tiennent pas d'eux-mêmes mais de l'Esprit invisible qui seul les vivifie, et vous direz : *Voilà la véritable vie, de laquelle, en laquelle et par laquelle vivent et croissent toutes choses. Oh ! quelle joie j'en ressens en mon cœur !*

De même, en voyant les animaux privés de raison, vous élèverez votre âme à celui qui leur donne la sensibilité et le mouvement, et vous lui direz : *Ô premier moteur qui, en imprimant le mouvement à tous les êtres, demeurez immobile en vous-même, que je me réjouis de votre stabilité et de votre immutabilité !*

Chapitre 21

Quand vous vous sentez attiré par la beauté des créatures, séparez ce que vous voyez de l'Esprit de ce que vous ne voyez pas, et considérez que c'est l'Esprit invisible qui leur a donné ces charmes extérieurs. Dites-vous alors dans la joie de votre âme : *Voilà les ruisseaux de la fontaine infinie de tout bien. Oh ! quelle joie je ressens au fond de mon cœur, quand je pense à la beauté infinie, éternelle, qui est la source et le principe de toute beauté créée !*

Faites la même distinction lorsque vous verrez briller dans votre prochain la bonté, la justice, ou quelque autre vertu, et dites à votre Dieu : *Ô trésor inépuisable de toutes les vertus, que j'aime à voir que tout bien dérive de vous et se maintient par vous, et que tout n'est que néant en comparaison de vos perfections divines. Je vous remercie, Seigneur, de ce bien et de tout le bien que vous avez fait à mon prochain. Souvenez-vous, mon Dieu, de ma pauvreté et de l'extrême besoin que j'ai de la vertu de...* (Nommez la vertu qui vous manque).

Quand vous vous mettez à faire quelque chose, pensez que Dieu est la première cause de cette action, que vous n'êtes entre ses mains qu'un instrument vivant, et élevez votre pensée vers lui, en disant : *Quelle joie j'éprouve au fond de moi-même, ô Maître suprême de l'univers, en songeant que je ne puis rien faire sans vous, et que vous êtes le premier et le principal artisan de toute chose !*

Lorsque vous mangez ou que vous buvez, considérez que c'est Dieu qui donne la saveur à la nourriture, et ne prenant votre plaisir qu'en lui seul, dites-vous à vous-même : *Réjouis-toi, mon âme, à la pensée qu'il n'y a point en dehors de Dieu de contentement véritable, mais que, d'un autre côté, tu peux en toutes choses te réjouir uniquement en lui.*

Si vous respirez une odeur agréable, gardez-vous de vous arrêter au plaisir qu'elle vous procure, mais élevez-vous en esprit vers celui qui a fait pour vous ce parfum délicieux et dites-lui dans la joie de votre cœur : *Ah ! mon Dieu, faites, je vous en conjure, que tandis que je prends plaisir à penser que toute suavité dérive de vous, mon âme, dégagée des plaisirs terrestres, s'élève vers vous comme un parfum d'agréable odeur.*

Quand des chants harmonieux viennent frapper votre oreille, élevez votre âme vers Dieu et dites-lui : *Quelle joie j'éprouve, ô mon Seigneur et mon Dieu, quand je songe à l'harmonie plus que céleste que vos infinies perfections, toutes ensemble, rendent au-dedans de vous-même, et au merveilleux concert qu'elles forment par leur union avec les anges, les cieux et toutes les créatures.*

22. Comment les choses extérieures peuvent nous aider à régler nos sens et à passer à la méditation des mystères de la vie et de la Passion du Verbe incarné.

Je vous ai montré comment nous pouvons nous servir des choses sensibles pour nous élever à la contemplation de la divinité. Apprenez maintenant à vous exciter par leur moyen à la méditation des mystères de la vie et de la Passion du Verbe incarné.

Toutes les créatures peuvent servir à cette fin. Considérez en elles, ainsi que nous venons de le dire, ce Dieu suprême, cause première et unique de leur être, de leur beauté et de toutes leurs perfections. Et, considérez ensuite quelle grande, quelle immense bonté il nous a témoigné en daignant, lui, l'unique principe et le maître souverain de toute chose, se ravaler jusqu'à se faire homme, jusqu'à souffrir et mourir pour sa créature, jusqu'à permettre aux œuvres mêmes de ses mains de s'armer contre lui pour le crucifier.

Vous trouverez une infinité de choses qui mettront ces mystères adorables sous les yeux de votre âme. Les armes, par exemple, les cordes, les fouets, les colonnes, les épines, les clous, les marteaux, tous les objets enfin qui ont servi d'instruments à la Passion vous rappelleront ses souffrances cruelles.

Les logements pauvres et incommodes rendront présents à votre mémoire l'étable et la crèche du Sauveur. La pluie vous fera souvenir de cette pluie de sang divin qui attisa le jardin des Oliviers. Les pierres que nous foulons aux pieds nous rappelleront les pierres qui se brisèrent à sa mort, la terre, le tremblement qui l'agita à cette heure suprême, le soleil, les ténèbres qui l'enveloppèrent, l'eau des fontaines, l'eau mêlée de sang qui sortit de son côté entrouvert et ainsi de tant d'autres choses qui se présenteront à vos yeux.

Si vous buvez du vin ou quelque autre liqueur, rappelez-vous le vinaigre et le fiel dont on abreuva votre divin Maître.

Si l'odeur des parfums vous attire, reportez votre pensée à l'odeur infecte que les cadavres lui envoyaient sur le mont Calvaire.

Chapitre 22

Quand vous vous habillez, songez que le Verbe éternel s'est revêtu de votre chair mortelle pour vous revêtir de sa divinité ; et quand vous vous déshabillez, pensez que votre Sauveur a été dépouillé de ses vêtements pour être flagellé et crucifié pour vous.

Quand vous entendez les clameurs et le bruit confus de la foule, souvenez-vous de ces cris abominables qui retentirent à ses oreilles : *Qu'il meure, qu'il meure ! Crucifiez-les, crucifiez-le !*

Quand la cloche gémit sous le marteau qui la frappe, songez à ce mortel battement de cœur que fit éprouver à Jésus, dans le jardin des Oliviers, la crainte de sa Passion et de sa mort prochaine ; ou bien figurez-vous entendre les coups de marteaux qui l'attachèrent à la croix.

Quand vous vous sentez vous-même, ou que vous voyez les autres en proie à la tristesse et à la douleur, songez que ces afflictions ne sont rien, comparées aux inconcevables angoisses qui transpercèrent le corps et l'âme de votre Sauveur.

23. De quelques autres moyens de régler nos sens selon les diverses circonstances qui se présentent.

Après vous avoir enseigné la manière d'élever votre esprit des choses sensibles à la considération de la divinité et des mystères du Verbe incarné, j'ajouterai ici quelques autres moyens d'en tirer divers sujets de méditation, afin de procurer aux âmes une nourriture abondante et appropriée à la diversité de leurs goûts, et de rendre service, non seulement aux personnes simples, mais même aux personnes d'un esprit plus élevé et plus versé dans les choses spirituelles, car quelque avancé que l'on soit dans la voie de la perfection, on ne se sent pas toujours également disposé aux plus hautes spéculations.

Vous n'avez point à craindre de vous embarrasser dans cette variété de pratiques, du moment que vous usez de discrétion et que vous prenez conseil d'un sage directeur. Abandonnez-vous entre ses mains avec humilité et confiance, non seulement pour ce qui regarde ce que je vais dire maintenant, mais pour tout ce que je vous dirai dans la suite.

Quand vous jetterez les yeux sur des objets qui flattent la vue ou jouissent de l'estime des hommes, persuadez-vous bien que toutes ces choses sont souverainement méprisables, qu'elles ne sont pour ainsi dire que de la boue en comparaison des richesses du Ciel, et foulez aux pieds les biens de ce monde pour n'aspirer qu'à la possession des biens éternels.

Quand vous tournez les yeux vers le soleil, pensez que votre âme, lorsqu'elle est ornée de la grâce, est plus radieuse et plus belle que l'astre du jour ; et que, sans la grâce, elle est plus noire et plus affreuse que les ténèbres de l'enfer.

Quand vous levez vos regards vers la voûte céleste, pénétrez des yeux de l'âme jusqu'au divin empire, et arrêtez-vous-y par la pensée, comme dans le lieu destiné à devenir le séjour de votre éternelle félicité, si vous suivez ici-bas le chemin de l'innocence.

Quand vous entendez le chant des oiseaux ou de suaves mélodies, élevez votre esprit au séjour des délices où résonne l'éternel alléluia, et priez le Seigneur de vous rendre digne de chanter éternellement ses louanges avec les esprits célestes.

Quand vous vous apercevez que vous prenez plaisir à la beauté des créatures, songez que le serpent infernal se cache sous ces charmes trompeurs, qu'il vous observe et s'apprête à vous donner la mort, ou du moins à vous blesser grièvement. Dites-lui alors : *Eh quoi ! serpent maudit, tu me tends des embûches pour me dévorer ?* Vous tournant ensuite vers Dieu : *Soyez béni, lui direz-vous, de m'avoir découvert l'ennemi et de m'avoir délivré de sa rage meurtrière.*

De ces attraits séducteurs, fuyez soudain aux plaies de Jésus crucifié. Et, retiré dans cet asile, considérez combien le Seigneur a souffert dans sa chair adorable pour vous délivrer du péché et vous inspirer l'horreur des plaisirs charnels.

Un autre moyen de vous dérober aux dangereuses amorces du plaisir, c'est de rentrer en vous-même et de penser à ce que deviendra après sa mort cette créature dont les charmes vous attirent.

Quand vous êtes en chemin, souvenez-vous que chacun de vos pas vous approche du tombeau. Et à la vue des oiseaux qui traversent l'air et du ruisseau qui fuit, pensez que votre vie vole à son terme avec plus de rapidité encore.

Chapitre 23

Lorsque s'élèvent des vents impétueux, que l'éclair brille et que l'orage gronde, souvenez-vous du jour épouvantable du jugement et, fléchissant le genou, adorez le Seigneur et priez-le de vous donner la grâce et le temps de vous bien préparer à paraître devant sa majesté souveraine.

Dans les accidents nombreux auxquels votre vie est sujette, voici la conduite que je vous engage à tenir. S'il arrive, par exemple, que la douleur ou la mélancolie vous accable, que la chaleur, la froidure ou toute autre incommodité vous fasse souffrir, élevez votre esprit à cette volonté éternelle qui se plaît, pour votre bien, à vous envoyer cette peine et qui sait la proportionner à vos forces. Vous réjouissant alors de l'amour que Dieu vous témoigne et de l'occasion qu'il vous présente de le servir de la manière qui lui est la plus agréable, vous direz du fond du cœur : *C'est maintenant que s'accomplit en moi la volonté de la divine Providence qui a décrété de toute éternité de m'envoyer aujourd'hui cette affliction. Que sa bonté en soit louée à jamais !*

Et quand vous découvrirez un saint désir dans votre cœur, tournez-vous à l'instant vers le Seigneur ; reconnaissez que cette bonne pensée vient de lui et rendez-lui grâce.

Quand vous faites une lecture pieuse, imaginez-vous que c'est le Seigneur qui vous adresse les paroles que vous lisez, et acceptez-les comme si elles sortaient de sa bouche divine.

Quand vous regardez la croix, pensez qu'elle est votre enseigne de guerre, qu'en vous éloignant d'elle vous tomberez aux mains de vos ennemis, et qu'en la suivant vous entrerez dans le Ciel, chargé de glorieuses dépouilles.

Quand vous voyez l'image bien-aimée de la Vierge Marie, tournez votre cœur vers cette auguste Reine du Ciel, remerciez-la de ce qu'elle est soumise en toute occasion à la volonté de Dieu, de ce qu'elle a enfanté, allaité et nourri le Rédempteur du monde, et de ce qu'elle est toujours prête à nous accorder sa faveur et son aide dans votre combat spirituel.

Que les images des saints vous rappellent le souvenir de ces soldats généreux qui, en fournissant vaillamment leur carrière, vous ont frayé le chemin que vous devez suivre pour obtenir comme eux la couronne d'éternelle gloire.

Lorsque vous verrez une église, vous pourrez, entre autres considérations pieuses, penser que votre âme est le temple de Dieu, et que vous devez la conserver pure et nette, comme sa demeure.

En quelque temps que vous entendiez la cloche avertir les fidèles de réciter trois fois la salutation angélique, vous pouvez faire de

Chapitre 23

courtes réflexions en rapport avec les paroles que l'on a coutume de dire avant chaque *Ave Maria*.

Au premier coup, remerciez Dieu du céleste message qu'il envoya sur la terre et qui fut le commencement de notre salut.

Au second coup, réjouissez-vous avec la Vierge Marie des grandeurs auxquelles Dieu l'a élevée, à cause de sa profonde et incomparable humilité.

Au troisième coup, unissez-vous à la bienheureuse Mère et à l'ange Gabriel pour adorer le divin Enfant nouvellement conçu.

N'oubliez pas de faire, en signe de respect, une légère inclination de tête à chaque tintement de la cloche, et tout spécialement au dernier.

Ces courtes méditations ainsi divisées peuvent servir pour tous les temps.

En voici d'autres relatives à la Passion de Notre Seigneur que l'on pourra faire le soir, le matin et le midi. On ne saurait se rappeler trop souvent les douleurs que notre divine Reine a ressenties à la vue des souffrances de son Fils. Y manquer serait de notre part une noire ingratitude.

Le soir, souvenez-vous des angoisses que causèrent à cette Vierge très pure la sueur de sang, la prise de Jésus au jardin des Oliviers et tant de douleurs secrètes que son bien-aimé Fils a endurées durant cette nuit affreuse.

Le matin, compatissez à l'affliction que lui causa la présentation de Jésus à Pilate et à Hérode, sa condamnation à mort et le portement de croix.

À midi, pensez au glaive de douleur qui transperça le cœur de l'inconsolable Mère, quand elle fut témoin du crucifiement et de la mort de Jésus, et qu'elle vit une lance cruelle ouvrir son côté sacré.

Vous pourrez faire ces méditations sur les douleurs de la Sainte Vierge du jeudi soir au samedi, et faire les premières aux autres jours. Suivez pourtant votre dévotion particulière et les inspirations qui vous viendront des circonstances extérieures.

Et pour résumer en peu de mots la méthode à suivre pour le règlement de vos sens, tenez-vous sur vos gardes afin de ne vous laisser émouvoir et attirer ni par l'amour, ni par l'aversion que les objets extérieurs vous inspirent, mais uniquement par la volonté de Dieu, n'embrassant ou ne rejetant jamais que ce que Dieu veut que vous embrassiez ou que vous rejetiez.

Et remarquez que je ne vous ai pas donné ces moyens de régler vos sens pour que vous en fassiez votre occupation. Ce que vous devez faire, c'est vous tenir presque continuellement recueilli en Dieu et vous attacher, pour accomplir sa volonté sainte, à vaincre vos ennemis et vos passions mauvaises, en résistant à leurs suggestions et en produisant les actes des vertus contraires. Je ne vous ai signalé ces règles de conduite que pour que vous sachiez vous en servir au besoin.

Vous devez savoir que la multiplicité des exercices, même les meilleurs, bien loin d'être favorable à l'avancement spirituel, n'est souvent qu'un embarras pour l'esprit, une illusion d'amour-propre, une marque de légèreté et un piège du démon.

24. De la manière de régler sa langue.

La langue de l'homme a grand besoin d'être bien réglée et tenue en bride, parce que nous sommes tous fort enclins à parler à tout propos des choses qui flattent les sens.

L'intempérance de langage vient le plus souvent d'un certain orgueil qui nous persuade que nous avons de grandes connaissances. Pleins d'admiration pour nos propres pensées, nous nous efforçons, à force de les redire, de les imprimer dans l'esprit des autres et de nous constituer leurs maîtres, comme s'ils avaient besoin de nos leçons.

Il faudrait un long discours pour dire les maux qui naissent de cette surabondance de paroles.

Chapitre 24

La loquacité est une source d'oisiveté, une marque d'ignorance, une folie, une porte ouverte à la médisance, une source de mensonges et un obstacle à la ferveur.

L'affluence des paroles fortifie les passions mauvaises, et cette force qu'elle donne aux passions porte la langue à se livrer de plus en plus à l'indiscrétion du langage.

Ne vous étendez pas en longs discours avec les personnes qui ne vous écoutent pas volontiers, de peur de les ennuyer, et faites de même avec ceux qui vous prêtent une oreille attentive, de peur d'excéder les bornes de la modestie.

Évitez le ton magistral et les éclats de voix. Cette manière de parler est fort désagréable et dénote beaucoup de suffisance et de présomption.

Ne parlez jamais de vous, de vos actions, de vos parents, à moins que la nécessité ne vous y oblige, et en ce cas, faites-le brièvement et avec beaucoup de retenue. S'il vous semble qu'un autre parle trop de lui-même, croyez qu'il le fait pour un bon motif mais ne l'imitez point, parlât-il pour s'humilier et s'accuser lui-même.

Parlez le moins possible du prochain et des choses qui le concernent, si ce n'est pour en dire du bien quand l'occasion s'en présente.

Parlez volontiers de Dieu et tout spécialement

de son amour et de sa bonté pour nous, mais en cela même craignez de dépasser les bornes. Prenez plutôt plaisir à écouter ce que les autres disent à cet égard, et conservez leurs paroles dans le fond de votre cœur.

Quant aux discours profanes, qu'ils s'arrêtent à vos oreilles et laissent votre pensée absorbée dans le Seigneur. Que s'il est nécessaire d'écouter celui qui parle pour le comprendre et être à même de lui répondre, ne laissez point pourtant d'élever de temps en temps un regard vers le Ciel où votre Dieu habite, considérez sa majesté suprême, comme lui-même regarde votre bassesse.

Pesez bien les choses qui vous viennent à l'esprit avant de les confier à la langue, et vous en trouverez beaucoup qu'il serait mieux de taire. Parmi les choses mêmes qui vous sembleront bonnes à dire, plusieurs pourront avec avantage être passées sous silence ; pour vous en convaincre, pensez-y quand l'occasion de les dire sera passée.

Le silence est une grande force dans le combat spirituel, c'est le gage assuré de la victoire.

Le silence est ami de celui qui se défie de lui-même et se confie en Dieu, il conserve l'esprit d'oraison et nous aide merveilleusement dans l'exercice des vertus.

Pour vous accoutumer à vous taire, considérez souvent les maux et les dangers qu'entraîne l'intempérance de langage, les avantages immenses que procure le silence. Excitez-vous à l'amour de cette vertu et, pour en acquérir l'habitude, taisez-vous durant quelque temps, alors même que vous auriez sujet de parler, pourvu toutefois que votre silence ne soit préjudiciable ni aux autres, ni à vous-même.

Un excellent moyen encore, ce sera de vous tenir éloigné des conversations ; au lieu de la compagnie des hommes, vous aurez celle des anges, des saints et de Dieu lui-même.

Enfin, songez à la guerre que vous avez entreprise, et la considération de ce qui vous reste à faire vous détournera des entretiens inutiles.

25. Que pour bien combattre les ennemis, le soldat du Christ doit éviter avec tout le soin possible ce qui est de nature à troubler la paix de son cœur.

S'il n'y a point d'efforts que nous ne devions faire pour recouvrer la paix du cœur, quand nous l'avons perdue, il n'y a point non plus d'accident au monde qui doive raisonnablement nous la ravir ou même la troubler. Nous devons, sans doute, avoir le regret de nos fautes mais, comme je l'ai dit plusieurs fois déjà, ce doit être une douleur paisible et modérée.

Nous devons également avoir une tendre compassion pour les autres pécheurs et pleurer leurs fautes au moins intérieurement, mais tout cela encore doit se faire sans inquiétude d'esprit.

Pour ce qui regarde les autres maux auxquels

nous sommes sujets, tels que la maladie, les blessures, la perte de nos proches, la peste, la guerre, les incendies et tant d'autres accidents pour lesquels les hommes éprouvent une horreur instinctive, nous pouvons, moyennant le secours de la grâce, les accepter non seulement avec résignation, mais même avec amour. Il suffit pour cela que nous les regardions comme autant de châtiments équitables infligés aux pécheurs et d'occasions de mérites offertes aux justes.

Ces deux considérations font que Dieu même prend plaisir à nous éprouver et si nous savons nous conformer à sa volonté sainte, nous traverserons, l'esprit paisible et tranquille, toutes les contrariétés et les amertumes de la vie. Tenez pour assuré que toutes nos inquiétudes déplaisent aux yeux du Seigneur parce que, quelle que soit leur nature, elles sont toujours accompagnées d'imperfections et procèdent d'une mauvaise racine d'amour-propre.

C'est pourquoi il vous faut avoir une sentinelle toujours éveillée qui, à la première apparition d'une cause quelconque de trouble et d'inquiétude, s'empresse de vous donner l'éveil, afin que vous vous armiez pour la défense, en considérant que tous ces maux, et beaucoup d'autres du même genre, ne sont que des maux apparents ; qu'ils sont impuissants à nous enlever les biens véritables et que Dieu les envoie ou les permet pour les fins que nous avons indiquées plus haut, ou pour d'autres raisons cachées à nos yeux, mais assurément très équitables et très saintes.

Si nous conservons, au milieu des accidents même les plus fâcheux, cette tranquillité d'âme et cette paix inaltérable, nous pourrons faire beaucoup de bien ; sinon, nos efforts n'auront que peu ou point de succès.

Ajoutez à cela que le cœur inquiet est toujours exposé aux coups de l'ennemi, et que nous ne saurions en cet état découvrir le droit sentier et le chemin assuré qui mène à la vertu.

Notre ennemi déteste souverainement cette paix du cœur, car il sait que l'Esprit de Dieu choisit ce séjour pour y opérer de grandes choses. Aussi, il n'est point d'efforts qu'il ne fasse pour nous ravir ce précieux trésor. Le plus souvent, il vient à nous, inspire des désirs excellents en apparence, mais dont la nature réelle se reconnaît à plusieurs marques, et c'est avec celles-ci spécialement qu'ils nous enlèvent la paix du cœur.

Si vous voulez prévenir un mal si dangereux, gardez-vous bien, quand la sentinelle vous avertira de la présence d'un nouveau désir, de lui ouvrir immédiatement l'entrée de votre cœur. Dépouillez-vous auparavant de toute volonté propre, présentez ce désir à Dieu et, confessant votre aveuglement et votre ignorance, priez-le instamment de vous faire connaître, aux rayons de sa lumière, s'il vient de lui ou de votre ennemi, recourez en outre, si vous le pouvez, à l'avis de votre père spirituel.

Alors même que vous auriez la certitude que ce désir vient de Dieu, ne le mettez pas à exécution, que vous n'ayez auparavant mortifié votre ardeur excessive : votre bonne œuvre, précédée de cet acte de mortification, plaira beaucoup plus au Seigneur que si vous vous y portiez avec l'empressement qui vous est naturel ; bien plus, il arrivera parfois que la mortification lui sera plus agréable que l'œuvre même.

En chassant ainsi loin de vous les désirs mauvais et en n'exécutant les bons qu'après avoir réprimé les mouvements de la nature vous parviendrez à maintenir en paix et en sécurité la forteresse de votre cœur.

Pour conserver cette tranquillité parfaite, il faut en outre défendre et garder votre cœur contre certains remords de conscience qui, par le fait même qu'ils vous reprochent un défaut véritable, semblent être inspirés par Dieu, tandis qu'en réalité ils vous viennent du démon. Vous reconnaîtrez le principe aux effets qu'il produit.

Si ces reproches vous humilient et augmentent votre ferveur pour le bien, s'ils ne vous ôtent point la confiance que vous avez en Dieu, vous devez les recevoir avec action de grâces comme des faveurs du Ciel.

Mais s'ils vous troublent, s'ils vous rendent timide, défiant, paresseux et sans vigueur pour le bien, tenez pour certain qu'ils viennent de l'ennemi, partant, méprisez-les et continuez votre exercice.

En outre, comme l'inquiétude naît le plus souvent en notre cœur à la suite d'événements fâcheux, vous avez, pour repousser ses attaques, deux choses à faire.

La première, c'est de considérer et de voir à quoi ces accidents sont contraires, si c'est à l'esprit de perfection ou bien à l'amour-propre et aux inclinations de la nature.

S'ils sont contraires à vos penchants et à l'amour-propre qui est votre ennemi capital et votre plus redoutable adversaire, vous devez les regarder, non comme des événements fâcheux, mais comme une faveur et un secours que le Très-Haut vous envoie, et les recevoir avec des sentiments de joie et de reconnaissance.

Et s'ils sont opposés à l'esprit de perfection, il ne faut pas pour cela perdre la paix du cœur, comme on le dira dans le chapitre suivant.

La seconde chose que vous avez à faire, c'est

Chapitre 25

d'élever votre esprit vers Dieu, et d'accepter avec indifférence et les yeux fermés les présents que vous fait sa main miséricordieuse, persuadé que ce sont autant de faveurs infiniment précieuses, quoique vous en ignoriez présentement la valeur.

26. De ce que nous avons à faire quand nous nous sentons blessés.

Quand une faute quelconque a fait une blessure à votre âme, que cette faute provienne de votre fragilité naturelle ou qu'elle ait été commise avec intention et avec malice, gardez-vous bien de vous laisser aller au découragement et à l'inquiétude. Tournez-vous plutôt vers Dieu et dites-lui : *Voilà, Seigneur, que j'ai agi en misérable pécheur que je suis ; que pouviez-vous attendre de moi, hormis des chutes ?*

Et, vous arrêtant quelques instants à cette pensée, humiliez-vous à vos propres yeux, repentez-vous de l'offense faite au Seigneur et, sans vous troubler, entrez dans les sentiments d'une juste colère contre vos passions mauvaises, et spécialement contre celle qui a causé votre chute.

Poursuivez ensuite votre prière : *Je n'en serais pas demeuré là, Seigneur, si vous ne m'aviez arrêté en chemin.*

Ici, remerciez et efforcez-vous d'aimer plus que jamais ce Dieu qui, malgré vos offenses, persiste à vous tendre une main secourable pour vous préserver de chutes nouvelles.

Enfin, dites-lui avec une confiance sans bornes en son infinie miséricorde : *Seigneur, agissez à mon égard, comme un Dieu que vous êtes, pardonnez-moi ma faute, et ne permettez pas que je vous abandonne pour vivre loin de vous. Faites que je ne vous offense jamais plus.*

Votre prière achevée, ne vous demandez pas si Dieu vous a, oui ou non, pardonné. C'est là un prétexte spécieux qui ne cache qu'orgueil, inquiétude d'esprit, perte de temps et illusion du démon. Abandonnez-vous plutôt entre les mains miséricordieuses de Dieu et continuez votre exercice, comme si vous n'aviez pas fait de chute.

S'il vous arrive de tomber plusieurs fois le jour, que le nombre de vos chutes et de vos blessures ne vous décourage pas. Faites ce que je vous ai dit autant de fois que vous tomberez, et avec autant de confiance la dernière fois que la première. Concevez toujours un plus grand mépris de vous-même et une plus grande horreur du péché, et efforcez-vous de vous tenir désormais mieux sur vos gardes.

Le démon a cet exercice en horreur, parce qu'il est infiniment agréable à Dieu et que lui-même en retire toujours la confusion de se voir compté par une âme qu'il avait d'abord vaincue. C'est pourquoi il emploie tous ses artifices pour nous le faire abandonner, et il en vient souvent à bout, grâce à notre négligence et à notre peu de vigilance sur nous-mêmes.

Ainsi, plus cet exercice vous présente de difficulté, plus vous devez faire effort sur vous-même pour y être fidèle. Revenez-y plusieurs fois, quand même vous n'auriez fait qu'une seule chute.

Et si, après avoir commis une faute, vous vous sentez inquiet, troublé et découragé, la première chose que vous avez à faire, c'est de recouvrer la paix du cœur et la confiance en Dieu. Après vous être muni de ces armes, tournez-vous vers le Seigneur, car l'inquiétude que vous cause votre péché a bien moins pour objet l'offense faite à Dieu que le dommage qui en résulte pour vous-même.

Le moyen de recouvrer cette paix si précieuse, c'est d'oublier pour un instant la chute que vous avez faite et de considérer l'ineffable bonté de

Chapitre 26

Dieu, sa clémence toujours prête à oublier l'injure, toujours désireuse de pardonner l'offense, si énorme qu'elle soit, sa persévérance à appeler le pécheur et à l'exhorter de mille façons pour qu'il se jette entre ses bras, qui le sanctifie en ce monde et dans l'autre par la gloire qui rend éternellement heureux.

Après avoir, à l'aide de ces considérations ou d'autres semblables, rendu la paix à votre âme, revenez à votre chute et faites comme je vous ai dit plus haut.

Enfin, quand le temps sera venu de vous approcher du sacrement de pénitence, ce que je vous engage à faire souvent, remettez-vous toutes vos chutes devant les yeux et déclarez-les à votre père spirituel avec une entière sincérité, une vive douleur d'avoir offensé Dieu et un ferme propos de ne plus l'offenser à l'avenir.

27. Comment le démon a coutume de tenter et de séduire ceux qui veulent s'adonner à la vertu, et ceux qui vivent dans l'esclavage du péché.

Le démon veut entraîner tous les hommes à leur ruine, mais il ne les attaque pas tous de la même manière. Pour vous dévoiler les moyens d'attaque et les artifices qu'il emploie, il faut que je vous mette sous les yeux les divers états où les hommes peuvent se trouver.

Les uns sont esclaves du péché et ne songent nullement à sortir de leur esclavage.

Les autres voudraient bien en sortir, mais ils reculent devant les difficultés de l'entreprise.

D'autres, croyant marcher dans le chemin de la vertu, ne font que s'en éloigner.

D'autres enfin, après avoir atteint un haut

Chapitre 27

degré de perfection, font une chute plus dangereuse que jamais.

Nous parlerons séparément de ces différentes sortes de personnes.

28. De la conduite du démon à l'égard de ceux qu'il tient dans l'esclavage du péché.

Lorsque le démon voit une âme asservie au péché, son unique occupation est de l'aveugler de plus en plus et de la détourner de tout ce qui est de nature à lui faire connaître son misérable état.

Il ne se contente pas de la détourner de toute pensée de conversion et d'opposer ses suggestions perfides aux inspirations du Seigneur, il lui tend des pièges et l'engage dans des occasions dangereuses pour la faire tomber dans le même péché et dans de plus grands encore.

L'âme ainsi aveuglée s'enfonce et s'habitue dans le péché et sa misérable vie roule de ténèbres en ténèbres et de crimes en crimes jusqu'à

Chapitre 28

la mort, à moins que Dieu n'étende, pour la sauver, sa main miséricordieuse.

Le remède à ce mal, c'est, pour le pécheur qui se trouve en ce misérable état, d'ouvrir son cœur aux pensées et aux inspirations qui l'appellent des ténèbres à la lumière, et de crier à Dieu du fond de son âme : *Aidez-moi, Seigneur, je vous en conjure, aidez-moi promptement et ne me laissez pas gémir plus longtemps dans les ténèbres du péché.*

Ce cri de supplication, qu'il le répète sans se lasser jamais ; qu'il aille au plus tôt se jeter aux pieds d'un confesseur et lui demander l'aide et le secours dont il a besoin pour se délivrer des mains de l'ennemi.

Et s'il ne peut y aller sur l'heure, qu'il se jette aux pieds de son crucifix et l'invoque le visage prosterné contre terre ! Puis se tournant vers la Vierge Marie, qu'il implore sa miséricorde et son secours !

Soyez assuré que là se trouve le secret de la victoire, ainsi que nous le verrons dans le chapitre suivant.

29. Des artifices que le démon emploie pour retenir dans ses liens ceux qui connaissent leur mauvais état et cherchent à en sortir ; et pourquoi nos bons propos demeurent souvent sans exécution.

L'arme dont le démon se sert pour tromper et vaincre ceux qui connaissent le mauvais état de leur conscience et veulent changer de vie, c'est cette pensée : Je me convertirai plus tard.

Et ils s'en vont répétant le cri du corbeau : *Cras, cras*, demain, demain.

Je veux, disent-ils, terminer d'abord cette affaire, sortir de cet embarras. Après quoi, je m'adonnerai plus tranquillement à la vie spirituelle.

C'est là un piège auquel beaucoup se sont

laissés prendre et se laissent prendre encore tous les jours. Ce qui les fait ainsi succomber au piège du démon, c'est cette torpeur et cette paresse d'esprit qui les empêche, dans une affaire où le salut de notre âme et l'honneur de Dieu sont engagés, de prononcer enfin cette parole victorieuse : *Maintenant, maintenant, et pourquoi plus tard ? Aujourd'hui, et pourquoi demain ?*

Ne devraient-ils pas se dire : *Quand même ce plus tard et ce demain me seraient assurés, est-ce un moyen de faire mon salut et de me préparer à la victoire, que de me jeter au-devant des traits de l'ennemi et de me précipiter dans de nouveaux désordres ?*

Vous voyez donc que le moyen d'éviter cette illusion et celle dont il a été parlé au chapitre précédent, le moyen de triompher de l'ennemi, c'est la prompte obéissance aux pensées et aux inspirations divines. Je parle d'obéissance prompte et non de simple propos, car les propos sont trompeurs, et ils ont trompé bon nombre de personnes pour plusieurs raisons.

La première que j'ai touchée plus haut, c'est que nos résolutions ne sont pas fondées sur la défiance de nous-mêmes et la confiance en Dieu, et qu'ainsi nous ne parvenons pas à découvrir en nous ce fond d'orgueil qui est le principe de notre illusion et de notre aveuglement.

La lumière pour connaître ce mal et le remède

pour le guérir nous viennent de la bonté divine. Le Seigneur permet que nous tombions, afin que notre chute nous fasse passer de la présomption à la confiance en Dieu, et de l'orgueil à la connaissance de nous-mêmes.

Si nous voulons que nos résolutions soient efficaces, il faut les rendre fermes, et elles seront fermes quand elles auront pour base la conviction de notre impuissance et une humble confiance en Dieu.

La deuxième raison, c'est que, dans les résolutions que nous prenons, nous ne considérons que la beauté et l'excellence de la vertu. Notre volonté, si lâche et si faible qu'elle soit, se sent attirée vers elle, mais à la vue des difficultés qu'il faut vaincre pour l'acquérir, elle se rebute et retourne en arrière.

Accoutumez-vous donc à aimer davantage les difficultés que présente l'acquisition des vertus, que les vertus elles-mêmes. Pensez à ces difficultés, tantôt plus, tantôt moins ; mais ne les perdez jamais de vue, si vous voulez que vos efforts soient couronnés de succès.

Sachez du reste que vous remporterez sur vous-même et sur vos ennemis une victoire d'autant plus prompte et plus éclatante que vous embrasserez plus généreusement les difficultés et que vous les aimerez davantage.

Chapitre 29

La troisième raison, c'est que nos résolutions ont moins la vertu et la volonté de Dieu pour objet que notre intérêt propre. Ce défaut se remarque surtout dans les résolutions que nous prenons d'ordinaire quand nous sommes comblés de consolations spirituelles, ou bien encore lorsque l'adversité nous presse de toute part, et que nous ne trouvons d'allégement à notre douleur que dans le propos de nous donner entièrement à Dieu et de nous consacrer sans réserve aux exercices des vertus.

Pour éviter ce défaut, soyez, à vos moments de ferveur spirituelle, humble et circonspect dans vos résolutions, et plus encore dans vos promesses et vos vœux. À vos heures d'affliction, proposez-vous uniquement de porter votre croix avec la patience que le Seigneur attend de vous, et de mettre en elle toute votre gloire, au point de refuser les consolations humaines et parfois même les consolations divines. La seule chose que vous devez désirer et demander, c'est que Dieu vous aide à supporter l'adversité, sans blesser la vertu de patience et sans déplaire au Seigneur.

30. Comment le démon persuade à plusieurs qu'ils avancent dans la voie de la perfection.

Vaincu dans le premier et le second assaut, l'esprit malin recourt à un autre stratagème. Il cherche à nous faire oublier les ennemis qui nous attaquent et nous font actuellement essuyer de grands dommages, pour occuper notre esprit de désirs et de projets de haute perfection.

Il en résulte que nous négligeons les blessures que nous recevons continuellement et que, prenant nos résolutions pour des œuvres, nous nous laissons entraîner à toutes les séductions de l'orgueil.

La moindre contrariété, la moindre injure nous irrite, et nous perdons un temps considérable à méditer des projets héroïques, comme celui de souffrir pour l'amour de Dieu les plus horribles tourments, voire les peines du purgatoire.

Et comme la partie inférieure de nous-mêmes n'éprouve aucune répugnance pour ces maux éloignés, nous avons, tout misérables que nous sommes, l'audace de nous comparer à ceux qui souffrent, avec une patience infatigable, les plus affreux supplices.

Pour éviter ce piège, proposez-vous de combattre et combattez effectivement les ennemis qui vous attaquent de près. Vous reconnaîtrez par là si vos résolutions sont vraies ou fausses, fortes ou faibles et vous marcherez à la perfection par le chemin que les saints nous ont frayé.

Pour ce qui est des ennemis qui ne vous inquiètent pas d'ordinaire, je ne vous conseille pas de leur livrer combat, à moins que vous ne prévoyiez une attaque prochaine. Vous pouvez alors, pour vous mettre en état de soutenir la lutte, former d'avance quelques résolutions.

Quand même vous vous seriez exercé durant quelque temps à la pratique des vertus, ne prenez jamais vos résolutions pour des victoires, mais tenez-vous dans l'humilité, défiez-vous de vous-même et de votre faiblesse et, vous confiant en Dieu seul, demandez-lui instamment de vous fortifier, d'éloigner de vous tout péril et d'étouffer en vous tout sentiment de présomption et de confiance en vos forces.

Dans ces conditions, la difficulté que nous éprouvons à surmonter quelques légers défauts que Dieu laisse parfois subsister en nous, pour nous convaincre de notre faiblesse et nous conserver le mérite de nos bonnes œuvres, cette difficulté, dis-je, ne doit pas nous empêcher de tendre à une plus haute perfection.

31. Des artifices qu'emploie le démon pour nous faire quitter le chemin de la vertu.

La quatrième ruse mentionnée plus haut, celle dont le malin esprit se sert pour nous tromper lorsqu'il nous voit marcher dans le chemin de la perfection, c'est d'exciter en nous des désirs excellents, mais inopportuns, et de nous faire tomber ainsi de la pratique des vertus dans l'abîme du vice.

Voilà, je suppose, une personne malade qui supporte patiemment son mal. Le démon, sachant que, par ce moyen, elle acquerra l'habitude de la patience, lui met devant les yeux beaucoup d'œuvres saintes qu'elle pourrait faire dans un autre état, et il s'efforce de lui persuader que, si elle se portait bien, elle servirait mieux le Seigneur et serait plus utile aux autres et à elle-même.

Lorsqu'il est parvenu à exciter ces désirs en son cœur, il les fortifie peu à peu, jusqu'à la rendre inquiète de ne pouvoir mettre ces désirs à exécution comme elle le voudrait bien.

Et plus ces désirs grandissent et se fortifient, plus l'inquiétude augmente. Puis l'ennemi la pousse adroitement et insensiblement à s'impatienter contre sa maladie, non pas en tant que maladie, mais en tant qu'obstacle aux œuvres qu'elle désire ardemment accomplir pour un plus grand bien.

Quand il l'a poussée jusque-là, il efface peu à peu de son esprit les idées de service de Dieu et de bonnes œuvres, et n'y laisse que le seul désir d'être délivrée de son mal. Mais voyant que la guérison se fait attendre, elle se trouble au point de devenir tout à fait impatiente. C'est ainsi que de la vertu qu'elle pratiquait, elle tombe, sans s'en apercevoir, dans le vice contraire.

Le moyen de vous garantir de cette illusion, c'est d'avoir soin, quand vous vous trouvez dans un état de souffrance, de tenir votre cœur fermé à tout désir qui, par le fait même qu'il est présentement irréalisable, ne fera vraisemblablement que vous causer de l'inquiétude.

Vous devez croire alors en toute humilité, patience et résignation, que vos désirs n'auraient pas l'effet que vous souhaitez, parce que vous êtes plus faible et plus inconstant que vous ne vous l'imaginez. Ou bien encore pensez que Dieu, dans ses secrets jugements, ou en punition de vos fautes, ne veut point que vous fassiez cette bonne œuvre, mais qu'il désire plutôt que vous vous humiliiez avec patience sous la douce et puissante main de sa Providence.

De même, si l'ordre de votre père spirituel, ou quelque autre raison, vous empêche de remplir à votre gré vos exercices ordinaires de dévotion, et spécialement de vous approcher de la sainte Table, ne laissez pas pour cela le trouble et l'inquiétude entrer en votre cœur, mais dépouillez-vous de votre propre volonté et revêtez-vous du bon plaisir de Dieu, en disant en vous-même : *Si le regard de la divine Providence ne découvrait pas en moi tant d'ingratitude et de défauts, je ne serais pas maintenant privé de la sainte communion, mais puisque le Seigneur se sert de ce moyen pour me faire connaître mon indignité, qu'il en soit béni et loué ! Confiant en votre bonté souveraine, je crois, ô mon Dieu, que la seule chose que vous demandez de moi, c'est qu'en supportant mes épreuves avec patience et en vue de vous plaire, je vous ouvre un cœur pleinement soumis à votre volonté, afin que vous y entriez spirituellement, pour le consoler et le défendre contre les ennemis qui veulent vous le ravir. Que tout ce qui est bon à vos yeux s'accomplisse ; et que votre volonté, ô mon Créateur et mon Rédempteur, soit maintenant à jamais ma nourriture et mon soutien. La seule grâce que je vous demande, ô doux objet de mon amour, c'est que mon âme, purifiée de tout ce qui vous déplaît en elle et ornée des vertus saintes, se tienne prête à recevoir votre visite et à faire tout ce qu'il vous plaira de lui ordonner.*

Si vous mettez ces observations en pratique, tous les saints désirs que vous ne pourrez exécuter, qu'ils vous viennent de la nature, qu'ils vous soient inculqués par le démon dans le but de vous inquiéter et de vous éloigner du sentier de la vertu, ou bien par Dieu lui-même dans le dessein d'éprouver votre résignation à sa volonté, tous ces désirs, dis-je, vous fourniront l'occasion de servir votre divin Maître de la manière qui lui plaît davantage. C'est là la véritable dévotion et l'hommage que Dieu attend de nous.

Une pratique excellente pour ne pas perdre patience dans nos épreuves, de quelque part qu'elles nous arrivent, c'est, en employant les moyens licites dont les saints eux-mêmes se sont servis, de les employer, non dans le désir d'être délivrés de nos maux, mais uniquement en vue d'obéir à Dieu, attendu que nous ne savons pas si les moyens que nous prenons sont ceux que Dieu choisit pour nous délivrer.

Si vous agissez autrement, vous tomberez dans des maux plus grands encore, parce que vous vous abandonnerez facilement à l'impatience si l'événement ne répond pas à votre désir et à votre attente. Votre patience, du moins, sera moins parfaite et moins agréable à Dieu, et partant, peu méritoire.

Je veux enfin vous prémunir contre un artifice secret dont notre amour-propre se sert en certaines rencontres pour voiler et excuser nos défauts.

C'est ainsi, par exemple, qu'un malade qui ne supporte son infirmité qu'à contre-cœur, cache son impatience sous le voile d'un zèle ardent pour le bien. À l'entendre, le mécontentement qu'il témoigne, ce n'est que le juste déplaisir qu'il éprouve en songeant qu'il a été lui-même la cause de sa maladie, et en voyant les ennuis et le dommage qu'elle occasionne aux autres par les soins qu'elle exige ou pour tout autre motif.

De même l'ambitieux qui se plaint de n'avoir pu obtenir la dignité qu'il convoitait, n'a garde d'attribuer son chagrin à son orgueil et à sa vanité. Mais il tâche de l'expliquer par d'autres motifs dont on sait parfaitement qu'il ne tient aucun compte quand ses intérêts ne sont à l'heure, qu'il se plaignait des peines que son état occasionnait aux autres, et qu'il s'inquiète fort peu maintenant de voir les mêmes personnes endurer les mêmes désagréments à propos de la maladie d'un autre.

C'est là un signe évident que les plaintes qu'exhalent ces personnes ne proviennent nullement de leur charité pour le prochain, mais bien de leur secrète horreur pour tout ce qui contrarie leurs désirs.

Pour vous, si vous voulez éviter cet écueil et d'autres encore, supportez avec une patience inaltérable les peines et les afflictions, quelle que soit, je vous le répète, la cause qui les fait naître.

32. Du dernier assaut du démon et de l'artifice auquel il a recours pour faire de la vertu même une occasion de ruine.

Le malin et astucieux serpent pousse la ruse jusqu'à faire servir à notre ruine les vertus mêmes que nous avons acquises. Il nous les fait regarder avec une secrète complaisance et nous élève bien haut dans notre propre estime, afin de nous faire tomber ensuite dans le vice de l'orgueil et de la vaine gloire.

Pour triompher de ce péril, prenez position dans la plaine égale et assurée d'une vraie et profonde conviction de votre néant. Persuadez-vous bien que vous n'êtes rien, que vous ne pouvez rien, que vous êtes rempli de misères et de défauts, et que vous ne méritez que la damnation éternelle.

Retranchez-vous dans cette vérité et gardez-vous bien, quoi qu'il arrive, de faire un seul pas hors de cette enceinte, persuadé que les pensées ou les événements qui vous poussent à la quitter sont autant d'ennemis décidés à ne vous laisser sortir de leurs mains que mort ou grièvement blessé.

Pour vous exercer à courir dans cette plaine assuré de la connaissance de votre néant, voici la méthode que vous avez à suivre.

Lorsque vous jetterez les yeux sur vous-même et sur vos actions, envisagez seulement ce qui est de vous, sans y mêler ce que vous tenez de Dieu et de sa grâce, et estimez-vous tel que vous vous trouverez être par vous-même.

Si vous considérez le temps qui a précédé votre naissance, vous verrez que dans cet abîme sans bornes de l'éternité vous n'avez été qu'un pur néant, incapable de rien faire pour arriver à l'existence. Si vous regardez le temps présent où vous ne tenez l'existence que de la seule bonté de Dieu, qu'êtes-vous indépendamment de cette Providence qui vous conserve à chaque instant, qu'êtes-vous de vous-même, sinon un pur néant ? Cela est si vrai que, si Dieu cessait un seul instant de vous soutenir, vous retomberiez immédiatement dans ce néant d'où vous a tiré sa main souveraine.

Il est donc évident qu'à ne considérer que ce

qui vous appartient dans l'ordre naturel, vous n'avez aucune raison de vous estimer, ni de prétendre à l'estime des autres. Et si de l'ordre naturel vous passez à l'ordre de la grâce et des bonnes œuvres, de quel bien et de quel mérite êtes-vous capable par vous-même et indépendamment du secours de Dieu.

Si, d'autre part, vous considérez le nombre de vos péchés passés, si vous y ajoutez le nombre plus considérable encore de ceux que vous auriez commis si Dieu ne vous avait soutenu de sa main miséricordieuse, vous trouverez, en multipliant non seulement les jours et les années, mais aussi les actions et les habitudes mauvaises (car un vice en entraîne un autre), vous trouverez, dis-je, que, sans la grâce, vos iniquités se seraient élevées presque à l'infini et que vous seriez devenu un autre Lucifer.

À moins donc que vous ne vouliez ravir à la bonté divine la gloire et la reconnaissance qui lui sont dues, vous devez de jour en jour vous estimer plus mauvais.

Ce jugement que vous portez sur vous-même, ayez bien soin qu'il soit accompagné de justice, sinon il pourrait vous être fort préjudiciable.

Si la connaissance que vous avez de votre misère vous donne un avantage sur tel autre que l'orgueil aveugle, le désir d'être estimé des autres et de passer à leurs yeux pour ce que vous savez n'être pas en réalité vous fait perdre considérablement de terrain et vous rend, du côté de la volonté, beaucoup plus coupable que lui.

Si donc vous voulez que la connaissance de votre malice et de votre bassesse tienne vos ennemis à distance et vous concilie l'amitié de Dieu, ne vous contentez pas de vous juger vous-même indigne de tout bien et digne de tout mal, mais prenez plaisir à être méprisé des autres, fuyez les honneurs, aimez les opprobres et montrez-vous prêt en toute occasion à remplir les offices que les autres dédaignent.

Leur manière de voir ne doit en aucune façon vous détourner de cette sainte pratique, du moment qu'elle vous est inspirée par le désir de vous humilier et de vous exercer à la vertu, et non par une certaine présomption d'esprit et par cet orgueil secret qui nous pousse parfois, sous les meilleurs prétextes, à faire peu de cas ou même à ne tenir aucun compte du jugement d'autrui.

Si les bonnes qualités que Dieu vous a départies vous attirent l'affection et les louanges des hommes, tenez-vous bien recueilli en vous-même ; ne vous écartez jamais, ne fût-ce que d'un pas, de la vérité et de la justice dont je vous ai parlé, mais tournez-vous vers Dieu et dites-lui du fond du cœur : *Ne permettez pas, Seigneur, que je vous dérobe l'honneur qui vous est dû et que je m'attribue le mérite des dons qui me viennent de vous. À Vous la louange, l'honneur et la gloire, à moi la confusion.*

Tournant ensuite votre pensée vers la personne qui vous loue, dites-vous à vous-même : *D'où vient que cette personne me trouve bon, puisqu'il n'y a rien de bon que Dieu et ses œuvres ?*

En agissant de la sorte et en rendant au Seigneur ce qui lui appartient, vous tiendrez vos ennemis à distance et vous vous disposerez à recevoir de Dieu un accroissement de grâces et de bienfaits. Si le souvenir de vos bonnes œuvres vous pousse à la vanité, considérez ces bonnes œuvres, non comme venant de vous, mais comme venant de Dieu seul ; et dites-leur intérieurement comme si vous leur parliez : *Je ne sais comment vous continuez à exister dans mon esprit. Ce n'est pas à moi, mais à Dieu que vous devez la naissance ; c'est sa grâce qui vous a créées, nourries et conservées. C'est donc lui seul que je veux reconnaître comme votre véritable et principal auteur, lui seul que je veux voir honoré à cause de vous.*

Considérez ensuite que toutes les bonnes œuvres que vous avez faites en votre vie, non seulement n'ont point répondu à l'abondance des lumières et des grâces que Dieu vous avait accordées pour les connaître et les accomplir, mais qu'elles ont été très imparfaites et fort éloignées de cette pureté d'intention, de cette ferveur et de cette diligence qui devaient les accompagner et présider à leur exécution.

C'est pourquoi, à bien considérer les choses, vous avez plutôt sujet de rougir de vos œuvres que d'en tirer vanité, car il n'est que trop vrai que les grâces qui sortent pures et parfaites de la main de D<small>IEU</small> se souillent en nous, au contact de nos imperfections.

En outre, comparez vos œuvres avec celles des saints et des pieux serviteurs de D<small>IEU</small>, et ce parallèle vous convaincra que les meilleures et les plus grandes de vos œuvres sont encore de très bas aloi et de minime valeur.

Comparez-les ensuite avec ce que J<small>ÉSUS</small>-C<small>HRIST</small> a fait en votre faveur aux diverses époques de la vie crucifiée qu'il a menée ici-bas. Considérez ses œuvres en elles-mêmes et abstraction faite de sa divinité, songez à l'amour si tendre et si pur qui les animait, et vous serez contraint d'avouer que les vôtres ne sont que néant.

Enfin, si vous élevez votre esprit jusqu'à la divinité et si vous envisagez la majesté souveraine de D<small>IEU</small> et les hommages qu'elle mérite de notre part, vous verrez clairement que vos bonnes œuvres doivent être pour vous un motif de crainte, bien plus qu'un sujet de vanité. C'est pourquoi, quelque bien que vous fassiez, vous devez dire à Dieu de tout votre cœur : *Mon Dieu, ayez pitié de moi qui suis un pécheur.*

Je vous conseille en outre de vous tenir en garde contre la tentation de publier les faveurs que Dieu vous accorde. Le trait suivant vous montrera combien lui déplaît le manque de réserve à cet égard.

Le Sauveur apparut un jour sous la forme d'un petit enfant à une de ses fidèles servantes. Celle-ci, le prenant pour un enfant ordinaire, l'invita à réciter la salutation angélique. Jésus commença immédiatement : *Je vous salue, Marie, pleine de grâce, le Seigneur est avec vous, vous êtes bénie entre toutes les femmes.* Là, il s'arrêta, ne voulant pas se louer lui-même en récitant les paroles qui suivent. Et tandis qu'elle le priait de continuer, Jésus disparut, laissant sa servante remplie de consolation et toute pénétrée de la céleste doctrine qu'il venait de lui enseigner par son exemple.

Et vous aussi, âme chrétienne, apprenez à vous humilier, reconnaissant que vous n'êtes, avec toutes vos œuvres, qu'un pur néant.

C'est là le fondement de toutes les vertus. Dieu, quand nous n'étions pas encore, nous a tirés du néant et, maintenant que nous existons par lui, nous devons faire reposer tout l'édifice de notre sanctification sur la reconnaissance de cette vérité, que de nous-mêmes nous ne sommes rien. Plus nous nous abaisserons, plus l'édifice s'élèvera. À mesure que nous creuserons le sol de notre misère, le divin architecte y déposera les pierres solides qui doivent servir de fondement au majestueux édifice. Ne croyez pas pouvoir jamais descendre assez bas, et persuadez-vous bien que s'il pouvait y avoir quelque chose d'infini dans la créature, votre bassesse le serait.

Avec cette connaissance bien mise en pratique, l'homme possède toute sorte de bien, sans elle, il est un peu plus que rien, fît-il autant de bonnes œuvres qu'en ont accomplies tous les saints ensemble, et demeurât-il continuellement absorbé en Dieu.

Ô admirable connaissance, qui nous rend heureux sur la terre et glorieux dans le ciel ! Ô lumière qui sort des ténèbres et rend les âmes radieuses ! Ô perle inconnue qui brille parmi nos souillures ! Ô néant qui met en possession de toutes choses ceux qui savent le connaître !

Sur ce sujet, je parlerais sans jamais me lasser. Si vous voulez louer Dieu, accusez-vous vous-même et désirez d'être accusé par les autres. Si vous voulez le glorifier en vous et vous glorifier en lui, humiliez-vous vis-à-vis de tous et au-dessous de tous. Si vous désirez le trouver, ne vous élevez pas, car il fuira loin de vous. Abaissez-vous et abaissez-vous autant que vous le pourrez, vous le verrez venir à vous et vous tendre les bras. Il vous accueillera, et il vous pressera sur son cœur avec d'autant plus d'amour que vous vous rendrez plus vil à vos propres yeux et que vous mettrez votre bonheur à être méprisé de tous et à être rebuté partout comme un objet d'horreur.

Ce don inestimable que votre Sauveur, abreuvé d'outrages pour vous, vous fait afin de vous unir à lui, persuadez-vous bien que vous en êtes indigne. Remerciez-le souvent de cette faveur et soyez plein de reconnaissance pour les personnes qui y ont donné occasion, et tout spécialement pour celles qui vous ont foulé aux pieds ou qui croient que vous ne supportez les affronts qu'à regret et à contre-cœur. Et si réellement il en est ainsi, gardez-vous bien d'en rien laisser paraître à l'extérieur.

Si la malice du démon, notre ignorance et nos inclinations perverses l'emportent en nous sur ces considérations, si puissantes pourtant et si vraies. Si le désir de nous élever au-dessus des autres ne cesse de nous troubler et de faire impression sur notre cœur, humilions-nous d'autant plus à nos propres yeux que nous voyons par expérience combien nous avançons peu dans la spiritualité et dans la véritable connaissance de nous-mêmes, attendu que nous ne parvenons pas à nous délivrer de ces pensées importunes qui ont leur racine dans notre orgueil et notre vanité. Par ce moyen, nous tirerons le miel du poison et le remède de la blessure même.

33. Quelques avis pour surmonter les passions mauvaises et pour avancer dans la vertu.

Quoique je vous aie beaucoup parlé déjà des moyens à prendre pour vous vaincre vous-même et orner votre âme des vertus chrétiennes, il me reste encore quelques avis à vous donner.

Premièrement, gardez-vous bien, si vous voulez faire des progrès dans la vertu, d'avoir pour vos exercices spirituels une règle pour ainsi dire stéréotypée qui fixe un exercice à un jour, et l'autre à un autre jour. L'ordre à suivre dans ce combat et dans cet exercice, c'est de faire la guerre aux passions dont les attaques vous ont causé et vous causent encore chaque jour le plus de dommage, et d'acquérir, dans le plus haut degré possible, les vertus qui leur sont opposées.

Une fois en possession de ces vertus, vous aurez mille occasions d'acquérir les autres, vous le ferez facilement et sans qu'il soit besoin pour cela d'actes multipliés, car les vertus sont tellement liées les unes aux autres qu'il suffit d'une vertu fortement ancrée dans notre cœur pour y attirer bientôt toutes les autres.

Deuxièmement, ne limitez jamais le temps que vous emploierez à acquérir une vertu. Ne déterminez ni les jours, ni les semaines, ni les années, mais faites comme si vous en étiez encore à vos premiers pas, et, semblable à un soldat nouvellement enrôlé, combattez sans trêve et gravissez les hauteurs de la perfection.

Ne vous arrêtez pas un seul instant, parce que s'arrêter dans le chemin de la vertu et de la perfection ce n'est pas se reposer et reprendre des forces, c'est reculer et s'affaiblir de plus en plus.

Quand je parle de *s'arrêter*, j'entends se persuader que l'on est arrivé à la perfection, négliger les occasions qui se présentent de poser de nouveaux actes de vertu et mépriser les fautes légères.

Soyez donc soigneux, fervent et toujours prêt à saisir les moindres occasions de pratiquer la vertu.

Aimez toutes les occasions d'avancer dans la sainteté. Aimez surtout celles qui présentent de grandes difficultés, car les efforts que l'on fait pour surmonter les obstacles forment plus promptement les habitudes vertueuses et les enracinent plus profondément dans notre âme. Chérissez donc les personnes qui vous fournissent ces occasions. Seulement, évitez avec soin et fuyez à pas précipités tout ce qui pourrait donner lieu aux tentations de la chair.

Troisièmement, soyez prudent et discret à l'égard des pratiques qui peuvent mettre votre santé en danger, comme la discipline, les cilices, le jeûne, les macérations et autres mortifications du même genre : on doit se former à ces exercices peu à peu et par degrés, ainsi que nous le dirons par après.

Pour ce qui concerne les vertus purement intérieures, comme l'amour de Dieu, le mépris du monde, l'humilité, la haine des passions mauvaises et du péché, la douceur et la patience, l'amour du prochain et des ennemis, il ne faut pas chercher à les acquérir peu à peu et à s'y élever par degrés, mais en produire les actes avec toute la perfection possible.

Quatrièmement, que toutes les pensées de votre âme, tous les désirs de votre cœur et tous les actes de votre volonté n'aient qu'un seul but : vaincre la passion que vous combattez et acquérir la vertu contraire. Que ce soit là pour vous le monde entier, le ciel et la terre. N'ambitionnez point d'autre trésor, et faites toutes vos actions en vue de plaire à Dieu.

Que vous mangiez ou que vous jeûniez, que vous travailliez ou que vous vous reposiez, que vous veilliez ou que vous dormiez, que vous restiez chez vous ou que vous sortiez, que vous vous appliquiez aux exercices de piété ou aux œuvres manuelles, votre unique but doit être de vaincre et de surmonter cette passion et d'acquérir la vertu contraire.

Cinquièmement, haïssez généralement les commodités et les agréments de la vie, et vous ne serez que faiblement combattu par les vices qui, tous, ont le plaisir pour racine. Retranchez, par la haine de vous-même, cette racine maudite, et tous les vices perdront en vous leur force et leur vigueur.

Mais si, pendant que vous faites la guerre à un vice et que vous résistez aux séductions d'un plaisir en particulier, vous vous attachez à d'autres plaisirs défendus, ne le fussent-ils que sous peine de faute légère, la lutte sera rude et sanglante et la victoire incertaine et rare. C'est pourquoi ayez toujours présentes à l'esprit ces sentences de l'Écriture : *Celui qui aime son âme la perdra, et celui qui hait son âme en ce monde, la gardera pour la vie éternelle.* (S. Jean. XII. 25.). — *Mes*

Chapitre 33

frères, nous ne sommes pas redevables à la chair pour vivre selon la chair : car si vous vivez selon la chair, vous mourrez ; mais si par l'esprit vous faites mourir les œuvres de la chair, vous vivrez. (S. Paul aux Romains. VIII. 13.).

Sixièmement enfin, je vous avertis qu'il est utile, et parfois nécessaire, de faire avant tout une confession générale accompagnée de toutes les dispositions requises, et cela pour mieux vous assurer de l'amitié de celui qui est la source de toutes les grâces et l'auteur de toutes les victoires.

34. Qu'il faut acquérir les vertus peu à peu, en s'y exerçant graduellement et sans vouloir les pratiquer toutes à la fois.

Quoique le chrétien désireux d'arriver au faîte de la perfection ne doive point mettre de borne à son avancement spirituel, il faut néanmoins que la prudence modère en lui cette ferveur inconsidérée qui, après l'avoir, dès le principe, poussé en avant avec trop de vigueur, se ralentit bientôt et l'abandonne à mi-chemin.

C'est pourquoi, sans revenir sur les règles que je vous ai tracées pour vos exercices extérieurs, je crois utile de vous faire remarquer que les vertus intérieures doivent s'acquérir peu à peu et par degrés. C'est le moyen de faire des progrès rapides et durables.

Chapitre 34

Ainsi nous ne devons pas, ordinairement du moins, nous exercer à désirer les adversités et à nous en réjouir, que nous n'ayons auparavant passé par les degrés les plus bas de la vertu de patience.

Ne vous attachez pas non plus à toutes, ni même à plusieurs vertus ensemble, mais à une seule d'abord, puis à une autre. De cette manière, l'habitude s'enracine plus facilement et plus profondément dans l'âme. Si vous bornez vos efforts à l'acquisition d'une seule vertu, la mémoire y court en toute occasion avec plus de promptitude, l'entendement s'ingénie à trouver pour l'acquérir des moyens et des motifs nouveaux, et la volonté s'y porte avec plus d'ardeur et de facilité. Il en serait tout autrement si l'activité de ces puissances était dispersée sur divers objets.

Ajoutez à cela que la similitude des actes à produire pour acquérir une seule et même vertu nous rend ces actes moins pénibles. L'un attire et assiste l'autre et la ressemblance qu'ils ont entre eux est cause qu'ils font plus d'impression sur nous, les derniers, en effet, trouvent dans le cœur une demeure bien préparée et toute prête à les recevoir, comme elle a reçu ceux qui ont précédé.

Ces raisons vous paraîtront plus convaincantes encore si vous réfléchissez que la pratique d'une vertu apprend la pratique des autres, et que les progrès de l'une entraînent les progrès de toutes, puisqu'elles sont toutes inséparablement unies entre elles, comme autant de rayons projetés par la même lumière divine.

35. Des moyens d'acquérir les vertus, et comment nous devons nous appliquer à la même vertu durant un certain espace de temps.

Outre les dispositions que je vous ai signalées plus haut, il faut, pour acquérir les vertus chrétiennes, une âme grande et généreuse, une volonté ferme et résolue que n'effraie point la prévision des contradictions et des peines sans nombre qui se rencontrent dans le chemin de la perfection.

Il faut, de plus, que l'âme soit inclinée à l'amour des vertus qu'elle veut acquérir. Cette inclination s'obtient en considérant combien les vertus plaisent à Dieu, combien elles sont nobles et excellentes en elles-mêmes, et combien elles nous sont utiles et nécessaires, puisqu'elles sont le principe et le terme de la perfection.

Il importe extrêmement de faire le matin le ferme propos de profiter de toutes les occasions que nous aurons vraisemblablement de les pratiquer, et d'examiner souvent durant le jour si nous avons, oui ou non, exécuté nos bonnes résolutions, afin de les renouveler avec plus de ferveur. Cet examen doit rouler tout spécialement sur la vertu que nous nous sommes proposé d'acquérir.

C'est à cette même vertu que nous devons rapporter les exemples des saints, nos oraisons et la méditation, si nécessaire en tous les exercices spirituels, de la vie et de la Passion de Jésus-Christ.

Nous devons, ainsi que nous l'expliquerons ci-après, tenir la même conduite dans toutes les occasions qui se présenteront, si différentes qu'elles soient les unes des autres. Tâchons d'arriver, à force d'actes intérieurs et extérieurs de vertu, à produire ces actes avec autant de promptitude et de facilité que nous en avions auparavant à suivre nos penchants naturels. Et rappelons-nous ce qui a été dit plus haut, que plus ces actes seront contraires à nos inclinations, plus vite ils introduiront dans notre âme l'habitude de la vertu.

Les sentences de la sainte Écriture prononcées de bouche ou tout au moins de cœur, avec le respect qui leur est dû, nous aideront merveilleusement en cet exercice. Tenons donc à notre disposition un bon nombre de textes en rapport avec la vertu que nous cherchons à acquérir. Répétons-les souvent dans le courant de la journée et tout spécialement quand nous nous sentirons assaillis par la passion contraire. Si, par exemple, nous nous exerçons à la patience, nous pourrons nous servir des paroles suivantes ou d'autres semblables :

Mes enfants, supportez patiemment la colère qui est tombée sur vous. (Baruch IV. 25.).

La patience des pauvres ne sera pas frustrée pour toujours. (Psaume IX. 19.).

L'homme patient vaut mieux que l'homme courageux ; et celui qui est maître de son esprit vaut mieux que celui qui prend les villes d'assaut. (Proverbes XVI. 32.)

Courons par la patience au combat qui nous est proposé (Hébreux XII. 2.).

Nous pourrons dans le même but faire les aspirations suivantes ou d'autres du même genre :

Quand Dieu armera-t-il mon cœur du bouclier de la patience ?

Quand saurai-je, pour plaire à mon divin Maître, supporter d'un cœur tranquille les épreuves de la vie ?

Ô souffrances bien-aimées qui me rendez semblable à mon Sauveur Jésus souffrant pour moi !

Ô l'unique vie de mon âme, ne me verrai-je jamais,

pour votre gloire, pleinement heureux au sein des souffrances ?

Quel serait mon bonheur si, au milieu des flammes de la tribulation, j'aspirais à des tourments plus grands encore !

Nous nous servirons à toute heure de ces sortes de prières, suivant les progrès que nous aurons faits dans la vertu, et les pensées que nous inspirera l'esprit de dévotion. Ces oraisons s'appellent oraisons *jaculatoires*, du latin *jaculum* qui signifie trait, parce que ce sont comme autant de traits que nous lançons vers le ciel. Elles ont une force merveilleuse pour nous exciter à la perfection et toucher le cœur de Dieu, à condition, toutefois, qu'elles soient accompagnées de deux choses qui leur servent en quelque sorte d'ailes.

La première, c'est une conviction profonde que Dieu prend plaisir à voir notre âme s'exercer à la vertu.

La seconde, un vrai et ardent désir de l'acquérir dans la seule vue de plaire à sa divine Majesté.

36. Que l'exercice de la vertu exige une application constante.

Une condition importante, indispensable même, pour parvenir au but que nous poursuivons, je veux dire l'acquisition des vertus, c'est la persévérance à marcher en avant : s'arrêter, c'est reculer.

En effet, dès que nous cessons de nous appliquer à la pratique des vertus, la violence de notre inclination aux plaisirs des sens, jointe aux sollicitations qui nous viennent du dehors, donne nécessairement naissance à beaucoup de passions désordonnées qui détruisent ou affaiblissent les habitudes des vertus. En outre, ce manque d'application nous prive des grâces nombreuses que Dieu accorde à ceux qui marchent courageusement dans le chemin de la perfection.

C'est la différence qui existe entre ce chemin et les chemins ordinaires. Dans ces derniers, en effet, le voyageur, en s'arrêtant, ne perd rien de la distance parcourue, tandis que, dans le premier, il perd énormément de terrain.

Une différence encore, c'est que, dans les routes ordinaires, la lassitude s'accroît en proportion du chemin que l'on fait, tandis que, dans le chemin de la vertu, les forces augmentent à mesure que l'on avance.

La raison en est que l'exercice des vertus affaiblit la partie inférieure dont la résistance augmente la difficulté et les fatigues du chemin, et qu'il affermit et fortifie de plus en plus la partie supérieure où la vertu réside. Ainsi, à mesure qu'on avance dans la voie de la perfection, la peine qu'on y éprouve diminue de plus en plus, et la joie secrète que Dieu mêle à cette peine s'accroît sans cesse. Le chrétien, marchant ainsi de vertu en vertu avec une facilité et une joie toujours croissantes, finit par arriver au sommet de la montagne et à cet état de perfection qui permet à l'âme de se livrer aux aspirations spirituelles, non seulement sans dégoût, mais avec un plaisir ineffable, parce qu'ayant vaincu et dompté les passions déréglées et s'étant mise au-dessus de toutes les choses créées, elle vit au sein de Dieu et

Chapitre 36

goûte, parmi des labeurs sans trêve, les délices d'un repos inaltérable.

37. Que la nécessité où nous sommes de nous exercer sans cesse à la pratique des vertus nous oblige à profiter, pour les acquérir, de toutes les occasions qui se présentent.

Nous avons vu assez clairement que, dans le chemin qui conduit à la perfection, il faut marcher en avant, sans s'arrêter jamais.

Pour cela, tenons-nous bien sur nos gardes et veillons attentivement à ne laisser échapper aucune occasion d'acquérir les vertus. C'est donc mal entendre ses intérêts que de fuir les contrariétés qui pourraient nous servir à cet égard.

Pour nous en tenir à notre premier exemple, voulez-vous acquérir l'habitude de la patience ? N'évitez point les personnes, les actions et les pensées qui vous portent à l'impatience.

CHAPITRE 37

Ne cessez point vos relations parce qu'elles vous sont à charge. Et, dans les conversations et les rapports que vous entretiendrez avec les personnes qui vous ennuient, tenez votre volonté toujours prête à souffrir les contrariétés et les dégoûts qui vous arriveront, sinon vous n'acquerrez jamais l'habitude de la patience.

De même, si un travail vous déplaît, soit par lui-même, soit à cause de la personne qui vous l'a imposé, soit parce qu'il vous détourne d'une occupation plus conforme à vos goûts, ne laissez pas de l'entreprendre et de le continuer, malgré le trouble qu'il vous cause et le repos que vous trouveriez en l'abandonnant. Sans cela vous n'apprendriez jamais à souffrir, et le repos que vous goûteriez ne serait pas un repos véritable, attendu qu'il ne procéderait pas d'un esprit libre de passions et orné de vertus.

J'en dis autant des pensées ennuyeuses qui tourmentent et troublent parfois votre âme. Ce n'est pas un avantage pour vous d'en être entièrement délivré, puisque la souffrance qu'elles vous causent vous accoutume à supporter patiemment toute sorte de contrariétés.

Vous enseigner le contraire, ce serait plutôt vous apprendre à fuir la peine que vous éprouvez, qu'à acquérir la vertu que vous désirez.

Il est bien vrai qu'en de semblables occasions,

il faut, surtout si on n'est pas suffisamment aguerri, savoir temporiser et user de beaucoup de prudence et d'adresse, affronter l'ennemi ou l'éviter selon qu'on se sent plus ou moins de vertu et de vigueur d'esprit. Mais, d'un autre côté, on doit bien se garder de lâcher pied tout à fait et de reculer au point d'abandonner toutes les occasions de souffrir, parce que si pour le moment on échappe au danger de tomber, on court grand risque de succomber plus tard aux assauts de l'impatience faute de s'être suffisamment aguerri et fortifié d'avance par la pratique de la vertu contraire.

Inutile de faire remarquer que ces avis ne concernent pas le vice impur. La manière de combattre ce vice vous a été indiquée dans un des chapitres précédents.

38. Que l'on doit rechercher les occasions de pratiquer la vertu, et les accueillir avec d'autant plus de joie qu'elles offrent plus de difficultés.

Ce n'est point assez de ne pas fuir les occasions de nous exercer à la vertu. Il faut parfois les rechercher comme des avantages inestimables, les accueillir avec joie dès qu'elles s'offrent à nous et regarder comme plus précieuses et plus dignes d'amour celles qui déplaisent davantage à nos sens.

Vous y parviendrez, avec la grâce de Dieu, si vous imprimez profondément dans votre esprit les considérations suivantes.

La première, c'est que les occasions sont des moyens éminemment utiles, nécessaires même à l'acquisition des vertus. C'est pourquoi en demandant les unes au Seigneur, vous lui demandez nécessairement les autres. Sinon votre prière serait vaine, vous seriez en contradiction avec vous-même et vous tenteriez le Seigneur puisque, selon le cours ordinaire des choses, Dieu ne donne pas la patience sans les tribulations ni l'humilité sans les opprobres.

On peut en dire autant de toutes les autres vertus. Il est incontestable qu'elles s'acquièrent au moyen des adversités qui nous arrivent.

Ces adversités nous sont d'autant plus utiles et doivent par conséquent nous être d'autant plus chères et plus agréables qu'elles sont plus pénibles à la nature, car les actes que nous produisons en ces occasions sont plus généreux et plus forts et, partant, plus propres à nous faire avancer avec promptitude et facilité dans la voie de la perfection.

Il faut estimer et mettre à profit les moindres occasions, ne fût-ce qu'un regard ou une parole contraire à notre volonté, parce que si ces actes ont moins d'intensité, ils sont plus fréquents que ceux que l'on produit dans les circonstances plus importantes.

La seconde considération, déjà touchée plus haut, c'est que tous les accidents qui nous arrivent nous sont envoyés de Dieu pour notre bien et afin que nous en tirions profit.

Chapitre 38

Et quoique, parmi ces accidents, il s'en trouve quelques-uns, nos fautes par exemple et celles du prochain, que l'on ne peut attribuer à Dieu sans faire injustice à sa sainteté, il n'en est pas moins vrai qu'elles nous viennent de Dieu en ce sens que Dieu les permet et que, pouvant les empêcher, il ne le fait cependant pas.

Mais les afflictions et les peines qui nous arrivent par notre faute ou par la malice d'autrui, on ne peut nier qu'elles ne viennent par Dieu et de Dieu, puisque Dieu y concourt et que, tout en voulant que ce qui se fait ne se fasse pas, puisqu'il y voit une difformité souverainement odieuse à ses yeux, il veut que nous les supportions à cause du profit spirituel que nous pouvons en retirer ou pour d'autres raisons très justes qui nous sont cachées.

Et si nous avons une certitude entière que le Seigneur veut que nous supportions avec joie les maux que nous causent les injustices du prochain ou nos fautes personnelles, il faut bien reconnaître que dire, comme plusieurs le font pour excuser leur impatience, que Dieu ne veut pas, qu'il a en horreur les mauvaises actions, c'est chercher un vain prétexte pour couvrir notre propre faute et refuser la croix que nous savons devoir porter pour plaire au Seigneur.

Je vais plus loin et j'affirme que, toutes choses

égales d'ailleurs, le Seigneur préfère nous voir supporter les peines qui ont leur source dans la méchanceté des hommes, de ceux surtout que nous avons obligés, que celles qui nous viennent d'autres accidents fâcheux.

La raison en est que les premières ont d'ordinaire plus de force pour réprimer notre orgueil naturel, et qu'en outre, en les supportant avec joie, nous contentons et glorifions singulièrement le Seigneur, puisque nous coopérons avec lui à l'œuvre qui fait le plus éclater sa bonté ineffable et sa toute-puissance, celle de tirer du venin pestilentiel de la malice et du péché, le fruit précieux et suave de la vertu et de la sainteté.

Sachez donc, âme chrétienne, qu'aussitôt que Dieu découvre en nous un vif désir de nous mettre courageusement à l'œuvre et de tendre de tous nos efforts à cette glorieuse conquête, il nous prépare le calice des plus violentes tentations et des plus rudes épreuves, afin de nous le présenter en son temps. Nous-mêmes, si nous sommes désireux de son amour et de notre propre bien, nous saurons accepter de bon cœur et les yeux fermés le calice qu'il nous offre, et le boire jusqu'au fond avec assurance et promptitude, puisque c'est une médecine.

39. Comment nous pouvons faire servir des occasions diverses à l'exercice d'une même vertu.

Vous avez vu dans les chapitres précédents qu'il vaut incomparablement mieux s'exercer pendant quelque temps à une seule vertu que de vouloir en acquérir plusieurs à la fois. Vous avez vu également qu'il faut faire converger sur cette vertu unique toutes les occasions qui se présentent, si différentes qu'elles soient les unes des autres. Apprenez maintenant la méthode à suivre pour vous rendre cet exercice plus facile.

Il arrivera en un même jour, peut-être en une même heure, qu'on nous reprendra d'une action même excellente, que, pour une cause ou l'autre, on parlera mal de nous, qu'on nous refusera durement une faveur ou un léger service, qu'on nous soupçonnera sans raison, que nous ressentirons une douleur corporelle, qu'on nous imposera une besogne ennuyeuse, qu'on nous servira un mets mal apprêté, que nous nous trouverons accablés sous le poids de maux plus considérables, tels qu'il s'en rencontre si souvent dans la pauvre vie humaine.

Quoique parmi tant d'accidents fâcheux nous puissions pratiquer plusieurs vertus différentes, néanmoins, pour nous en tenir à la règle donnée plus haut, nous nous bornerons à produire des actes conformes à la vertu que nous nous sommes proposés d'acquérir.

Si c'est la patience que nous cherchons à acquérir au moment où ces accidents nous arrivent, nous nous efforcerons de les supporter de bon cœur et avec joie.

Si c'est l'humilité, nous nous persuaderons, au milieu de ces contrariétés, que nous sommes dignes de tous les châtiments.

Si c'est l'obéissance, nous nous abaisserons promptement sous la main toute-puissante de Dieu et, pour lui plaire, puisque telle est sa volonté, nous nous assujettirons aux créatures raisonnables ou même privées de raison qui nous causent ces ennuis.

Si c'est la pauvreté, nous consentirons à être

dépouillés et privés de toutes les consolations de la vie, des grandes comme des petites.

Si c'est la charité, nous ferons des actes d'amour envers le prochain qui est l'instrument de notre sanctification et envers Dieu qui en est la cause première et pleine d'amour puisque ces épreuves destinées à nous faire avancer dans la vertu nous arrivent par son ordre, ou du moins par sa permission.

Ce que je dis ici des accidents divers qui nous arrivent journellement nous indique en même temps comment, dans une maladie ou une affliction de longue durée, nous pouvons nous exercer à la vertu que nous nous sommes proposés d'acquérir.

40. Du temps que nous devons consacrer à l'exercice de chaque vertu, et des marques de notre avancement spirituel.

Pour ce qui regarde le temps que nous devons employer à l'exercice de chaque vertu, ce n'est pas à moi de le déterminer, puisqu'il faut le régler d'après l'état et les besoins particuliers de notre âme, les progrès que nous faisons dans le chemin de la perfection et l'avis de celui qui nous guide dans cette voie.

Toutefois, si on s'y appliquait de la manière et avec la sollicitude que nous avons dites, il est certain qu'on ferait en peu de semaines des progrès considérables.

C'est une preuve de progrès que de persévérer dans les exercices spirituels malgré les aridités, les ténèbres, les angoisses de l'âme et la privation des consolations sensibles.

Chapitre 40

Un autre signe non moins évident, c'est la résistance que la concupiscence oppose à nos actes de vertus : plus celle-ci perdra de forces, plus nous aurons sujet de croire que nous avançons dans la perfection.

Si donc nous ne sentons aucune contradiction, aucune révolte dans la partie sensitive et inférieure, surtout quand il s'agit d'assauts subits et imprévus, c'est un signe que nous avons acquis la vertu.

Et plus nous en produirons les actes avec promptitude et avec joie, plus nous serons autorisés à croire que nous avons retiré de grands fruits de cet exercice.

Remarquons cependant que nous ne devons pas nous croire en possession d'une vertu et regarder comme certain notre triomphe sur une passion parce que, depuis longtemps et après beaucoup de combats, nous n'aurions plus ressenti ses attaques. En ceci encore il peut y avoir ruse et artifice du démon, et illusion de la nature. Il n'est pas rare qu'un orgueil secret nous fasse prendre pour vertu ce qui réellement n'est que vice.

D'ailleurs, si nous considérons la perfection à laquelle Dieu nous appelle, quels que soient nos progrès dans la vertu, nous n'aurons pas de peine à nous persuader que nous en avons à peine franchi les premiers degrés.

Vous devez donc vous regarder comme un guerrier nouvellement enrôlé ou comme un enfant qui essaie ses premiers pas, et reprendre vos exercices avec votre première ardeur, comme si vous n'aviez rien fait encore.

Souvenez-vous, âme chrétienne, que mieux vaut avancer dans le chemin de la vertu que d'examiner les progrès qu'on y a faits, parce que Dieu, qui seul scrute le fond des cœurs, dévoile ce secret à quelques-uns et le cache à d'autres, selon qu'il voit pour eux, en cette connaissance, un sujet d'humiliation ou une excitation à l'orgueil. Comme un père plein d'amour pour ses enfants, il ôte aux uns le danger et fournit aux autres l'occasion de croître en vertus.

Il faut donc que l'âme continue ses exercices, quoiqu'elle ne s'aperçoive pas de ses progrès. Elle les connaîtra lorsqu'il plaira à Dieu de les lui découvrir pour son plus grand bien.

41. Que nous ne devons pas souhaiter d'être délivrés des afflictions que nous endurons patiemment ; et de la manière de régler tous nos désirs.

Lorsque vous vous trouvez dans une peine quelconque et que vous la supportez patiemment, gardez-vous bien de vous laisser entraîner par le démon ou l'amour-propre au désir d'en être délivré, car ce désir vous causerait deux grands maux.

Le premier, c'est qu'alors même qu'il ne vous ravirait pas immédiatement la vertu de patience, il vous disposerait peu à peu au vice contraire.

Le second, c'est que votre patience deviendrait imparfaite et que vous ne recevriez qu'une récompense proportionnée à la durée de l'épreuve, tandis qu'en ne souhaitant pas d'en être délivré et en vous confiant sans réserve à la bonté divine, votre souffrance n'eût-elle duré qu'une heure ou moins encore, vous en auriez été récompensé par Dieu comme d'un service de longue durée.

C'est pourquoi, en ceci comme dans tout le reste, prenez pour règle constante de tenir vos désirs tellement éloignés de tout ce qui n'est pas Dieu, qu'ils tendent purement et simplement à leur véritable et unique but, à savoir la volonté du Seigneur. De cette façon, ils seront toujours justes et équitables, et vous serez, au milieu de toutes vos contrariétés, tranquille et même heureux, parce que, sachant que rien ne peut se faire sans la volonté divine et voulant vous-même ce qu'elle veut, vous ne pouvez manquer de vouloir tout ce qui vous arrive et d'avoir tout ce que vous désirez.

Cette remarque ne peut, il est vrai, s'appliquer à vos péchés et aux péchés d'autrui, puisque Dieu ne peut les vouloir. Mais elle s'applique parfaitement à toutes les peines qui en découlent ou qui vous viennent d'ailleurs. Si violente et si profonde que soit la blessure, arrivât-elle, en touchant le fond de votre cœur, à briser les racines mêmes de la vie naturelle, vous ne devez pas moins y reconnaître la croix dont Dieu se plaît à favoriser ses amis les plus intimes et les plus chers. Ce que je dis ici des afflictions en général doit s'entendre en particulier de la part de souffrances qui nous restera et que Dieu veut que nous endurions, après que nous aurons employé tous les moyens licites de nous en défaire.

Encore faut-il régler l'emploi de ces moyens sur la volonté de Dieu qui les a établis, afin que nous nous en servions uniquement parce qu'il le veut, et non par attachement à nos aises, ou parce que nous aimons et désirons la cessation de nos épreuves plus que ne le requièrent son service et son bon plaisir.

42. Comment on doit se défendre des artifices du démon quand il nous inspire des dévotions indiscrètes.

Lorsque l'esprit malin s'aperçoit que nous marchons dans le chemin de la vertu avec des désirs si vifs et si bien réglés qu'il ne peut nous engager dans le mal par des artifices manifestes, il se transforme en ange de lumière et nous suggère à tout instant des pensées agréables, des sentences de l'Écriture et des exemples tirés de la vie des saints pour nous faire marcher avec une ardeur indiscrète dans la voie de la perfection et nous faire ensuite tomber dans le précipice.

C'est ainsi, par exemple, qu'il nous invite à châtier rudement notre corps par des disciplines, des jeûnes, des cilices et par d'autres mortifications semblables, afin que nous nous laissions aller à l'orgueil en nous imaginant, comme il arrive particulièrement aux femmes, que nous faisons des choses merveilleuses, ou bien afin que nous contractions une maladie qui nous rende impropres aux bonnes œuvres, ou bien encore afin que l'excès de travail et de peine nous fasse prendre les exercices spirituels en dégoût et en aversion, et que, devenant peu à peu tièdes pour le bien, nous nous adonnions avec plus d'avidité que jamais aux plaisirs et aux divertissements du monde.

C'est ce qui est arrivé à un bon nombre de personnes pieuses. Aveuglées par la présomption de leur cœur, et emportées par un zèle indiscret, elles ont, dans leurs mortifications extérieures, outrepassé la mesure de leurs forces, et sont devenues le jouet des malins esprits.

Elles se seraient épargné ce malheur si elles avaient tenu compte des observations que nous avons faites et si elles avaient réfléchi que ces sortes de mortifications, si louables en elles-mêmes et si profitables à ceux qui ont les forces corporelles et l'humilité requises pour les pratiquer, doivent être réglées d'après le tempérament et la nature de chacun.

Ceux qui ne peuvent supporter les austérités auxquelles les saints ont soumis leur corps trouveront toujours assez d'occasions d'imiter leur vie, par la vivacité et l'efficacité de leurs désirs et la ferveur de leurs prières. Qu'à leur exemple, ils aspirent à ces couronnes plus glorieuses que procurent aux vrais soldats du Christ le mépris du monde et de soi-même, l'amour du silence et de la retraite, la patience dans l'épreuve, l'empressement à rendre le bien pour le mal, le soin d'éviter les fautes les plus légères, mortifications bien autrement agréables à Dieu que les austérités corporelles.

Quant à ces austérités, je vous conseille d'en user avec une grande modération pour pouvoir les augmenter au besoin, plutôt que de vous exposer par trop de zèle à devoir les abandonner entièrement.

Si je vous donne cet avis, c'est que je vous crois à l'abri de l'erreur de certaines personnes qui d'ailleurs passent pour spirituelles et qui, séduites et trompées par l'amour-propre, prennent un soin exagéré de la conservation de leur santé corporelle. Elles en sont si jalouses et si inquiètes qu'un rien suffit à leur inspirer des doutes et des craintes à cet égard. Leur principale occupation, le sujet favori de leurs conversations, c'est le régime de vie qu'elles ont à suivre. Ainsi elles recherchent sans cesse les mets qui flattent leur goût, sans souci de leur estomac que cette délicatesse extrême ne fait qu'affaiblir de plus en plus. Sous le prétexte d'acquérir des forces pour mieux servir Dieu, elles ne cherchent qu'à accorder ensemble, sans aucun profit pour aucun, et même au détriment de l'un et de l'autre, deux ennemis irréconciliables, l'esprit et le corps. Leur sollicitude mal entendue enlève à l'un la santé et à l'autre la dévotion.

C'est pourquoi il est plus sûr et plus aisé à tous égards de suivre un régime plus libre, pourvu qu'il soit accompagné de la discrétion requise et qu'on tienne compte des conditions et des complexions qui sont trop différentes les unes des autres pour être soumises à la même règle.

J'ajoute en terminant qu'une certaine modération est souverainement désirable, non seulement dans les choses extérieures, mais dans l'acquisition des vertus intérieures, ainsi que nous l'avons fait voir en parlant de la gradation à suivre pour arriver à la perfection.

43. Combien nos penchants mauvais et les suggestions du démon ont de force pour nous pousser à juger témérairement du prochain, et de quelle manière nous devons résister à cette tentation.

L'estime et la bonne opinion que nous avons de nous-mêmes produit un autre désordre gravement préjudiciable : le jugement téméraire qui nous porte à mépriser le prochain, à le dénigrer et à l'humilier. Ce vice auquel elle a donné naissance, la vaine gloire le fomente et l'entretient d'autant plus volontiers qu'elle grandit avec lui et arrive peu à peu à se complaire en elle-même et à se faire complètement illusion.

Chapitre 43

C'est ainsi que nous croyons, à notre insu, nous élever à mesure que nous abaissons les autres dans notre estime, persuadés que nous sommes d'être exempts des imperfections que nous nous plaisons à remarquer dans le prochain.

De son côté, le malin esprit qui nous voit dans cette mauvaise disposition d'esprit ne cesse pas un instant de tenir nos yeux ouverts et notre attention éveillée sur les défauts d'autrui pour les observer, les contrôler et les exagérer. On ne saurait, si on n'y prend garde, se figurer les efforts qu'il fait, les artifices qu'il invente, pour imprimer dans notre esprit les moindres défauts du prochain quand il ne peut nous en dévoiler de considérables.

Puis donc qu'il est attentif à vous nuire, veillez vous-même à ne point vous laisser prendre à ses pièges. Aussitôt qu'il vous représente un vice du prochain, vite portez votre pensée ailleurs ; et si vous vous sentez encore enclin à juger sa conduite, considérez que ce pouvoir ne vous a pas été donné ; et que, vous eût-il été donné, vous ne seriez pas à même de porter un jugement équitable, environné de mille passions et incliné que vous êtes à penser mal des autres, sans raisons plausibles.

Mais le remède le plus efficace à ce mal, c'est

d'occuper votre pensée des besoins de votre âme. Vous vous apercevrez de plus en plus que vous avez tant à faire et à travailler en vous-même et pour vous-même que vous n'aurez plus le temps ni l'envie de songer aux affaires d'autrui.

De plus, en vous appliquant à cet exercice de la manière convenable, vous arriverez à purifier de plus en plus votre œil intérieur des humeurs mauvaises qui sont cause de ce vice pestilentiel.

Songez que le jugement téméraire que vous portez sur votre frère est une preuve que vous avez dans votre cœur quelque racine du mal que vous lui reprochez ; car le cœur vicieux se plaît à voir dans tous ceux qu'il rencontre les vices auxquels il est sujet lui-même.

Lors donc qu'il vous vient à l'esprit d'accuser le prochain de quelque défaut, croyez que vous en êtes vous-même coupable et tournez votre indignation contre vous-même. Dites-vous intérieurement : *Misérable que je suis ! Plongé moi-même dans ce défaut et dans de plus grands encore, j'irai lever la tête pour voir et juger les défauts d'autrui ?*

De cette façon, les armes dont vous deviez vous blesser en les dirigeant contre le prochain, ces armes, tournées maintenant contre vous-même, apporteront la guérison à vos plaies.

Si la faute est claire et manifeste, il faut excuser charitablement celui qui l'a commise et croire qu'il y a dans votre frère des vertus cachées pour la conservation desquelles Dieu a permis cette chute, ou bien que le Seigneur lui laisse ce défaut pour le rendre plus méprisable à ses propres yeux, lui faire retirer des mépris dont il est l'objet des fruits abondants d'humilité et lui procurer ainsi un gain supérieur à la perte qu'il a subie.

Et si le péché n'est pas seulement manifeste, mais grave et obstiné, tournez votre pensée vers les redoutables jugements de Dieu, et vous verrez que des hommes plongés auparavant dans toute sorte de crimes sont arrivés à un haut degré de sainteté, tandis que d'autres qui semblaient avoir atteint le faîte de la perfection sont tombés dans un abîme d'iniquités.

Partant, tenez-vous toujours dans la crainte et le tremblement plus pour votre propre salut que pour le salut de qui que ce soit.

Imprimez profondément cette vérité dans votre esprit que tout le bien et toute la satisfaction que vous cause la perfection du prochain est un fruit du Saint-Esprit, et que tout mépris, tout jugement téméraire, toute amertume à son égard vient de votre malice et des suggestions du démon.

S'il arrivait qu'un défaut du prochain eût fait sur vous une impression fâcheuse, ne prenez point de repos, ne donnez point de sommeil à vos yeux, que vous ne l'ayez entièrement effacée de votre cœur.

44. De l'oraison.

Si la défiance vis-à-vis de nous-mêmes, la confiance en Dieu et le bon usage de nos facultés sont, comme nous l'avons montré jusqu'ici, des armes si nécessaires dans le combat spirituel, l'oraison, que nous avons indiquée comme la quatrième arme, est d'une nécessité plus grande encore, puisque c'est elle qui nous obtient non seulement ces trois grandes vertus, mais tous les biens que nous pouvons espérer du Seigneur notre Dieu.

L'oraison, en effet, est le canal qui nous transmet toutes les grâces qui découlent sur nous de cette source de bonté et d'amour.

Par l'oraison, si vous vous en servez bien, vous

mettrez dans la main de Dieu une épée avec laquelle il combattra et triomphera pour vous.

Or, pour bien user de l'oraison, il faut que vous soyez habitué, ou que vous mettiez tous vos soins à vous habituer aux choses qui suivent.

Premièrement, il faut qu'il y ait toujours dans votre cœur un désir ardent de servir sa majesté souveraine, en toutes choses et de la manière qui lui plaît davantage.

Pour vous enflammer de ce désir, considérez attentivement :

Que Dieu mérite, plus qu'on ne saurait le dire, d'être servi et honoré à cause de l'excellence ineffable de son être, de sa bonté, de sa grandeur, de sa sagesse, de sa beauté et de toutes ses infinies perfections ;

Qu'il a travaillé et souffert durant trente-trois ans pour votre salut, qu'il a pansé et guéri vos plaies infectes, non pas avec de l'huile, du vin et des lambeaux de toile, mais avec la précieuse liqueur sortie de ses veines sacrées et avec ses chairs très pures déchirées par les fouets, les épines et les clous.

Considérez enfin qu'il est pour vous d'une importance extrême de le servir, puisque c'est le moyen de vous rendre maître de vous-même, victorieux du démon et enfant de Dieu.

Deuxièmement, vous devez croire avec une

foi vive et confiante que le Seigneur est disposé à vous donner tout ce qui vous est nécessaire pour son service et votre bien.

Cette sainte confiance est le vase que la miséricorde divine remplit des trésors de sa grâce, et plus ce vase est large et profond, plus abondantes seront les richesses que l'oraison attirera dans votre sein.

Et comment Dieu, qui est tout-puissant et immuable, pourrait-il ne pas nous communiquer ses dons, après nous avoir fait un commandement exprès de les lui demander, et après avoir promis son Esprit à ceux qui l'imploreraient avec foi et persévérance ?

Troisièmement, il faut vous mettre en prière avec l'intention de faire la volonté de Dieu et non la vôtre, tant par rapport à l'acte même de la prière que par rapport à l'effet qu'elle doit obtenir ; c'est-à-dire que vous ne devez prier que parce que Dieu le veut ainsi, et que vous ne devez désirer d'être exaucé que pour autant qu'il plaira au Seigneur. En un mot, votre intention doit être d'élever votre volonté jusqu'à la volonté de Dieu, et non pas de plier sa volonté à la vôtre.

Votre volonté, corrompue et gâtée par l'amour-propre, tombe souvent dans l'erreur, tandis que la volonté de Dieu est toujours unie à une bonté ineffable et ne peut jamais errer. C'est à ce titre qu'elle est la règle et la maîtresse de toutes les volontés, et qu'elle mérite et exige que toutes, sans exception, la suivent et lui obéissent.

Aussi ne devez-vous demander que les choses que vous savez être conformes au bon plaisir de Dieu et, si vous avez un doute à cet égard, ne les demandez que sous la condition que le Seigneur veuille bien vous les accorder.

Quant aux choses que vous savez positivement lui être agréables comme les vertus, vous les demanderez plus pour lui plaire et le servir que pour tout autre motif et toute autre considération, si pieuse qu'elle puisse être.

Quatrièmement, il faut que vous alliez à l'oraison orné d'œuvres en rapport avec vos demandes, et qu'après l'oraison, vous vous appliquiez de toutes vos forces à vous rendre digne de la grâce et de la vertu que vous désirez obtenir. Il faut, en effet, que la pratique de l'oraison soit accompagnée de la pratique de la mortification et que ces deux choses se succèdent sans interruption, car ce serait tenter Dieu que de demander une vertu et de ne rien faire pour l'acquérir.

Cinquièmement, que vos demandes soient précédées d'actions de grâces pour les bienfaits reçus. Dites au Seigneur :

Ô mon Dieu, qui m'avez créé et racheté par votre miséricorde, qui m'avez tant de fois délivré des mains de mes ennemis que j'en ignore moi-même le nombre, venez maintenant à mon aide et accordez-moi la grâce que je vous demande, sans tenir compte de mes infidélités et de mes ingratitudes continuelles.

Si, au moment de demander une vertu particulière, il se présente une occasion de vous y exercer, n'oubliez pas d'en remercier le Seigneur comme d'un bienfait signalé.

Sixièmement, comme l'oraison emprunte sa force et la vertu qu'elle a de fléchir le Seigneur à la bonté et à la miséricorde qui est le fond de sa nature, aux mérites de la vie et de la Passion de son Fils unique, à la promesse qu'il a faite de nous exaucer, vous terminerez vos demandes par une ou plusieurs des formules suivantes :

Seigneur, accordez-moi cette grâce par votre miséricorde infinie.

Que les mérites de votre divin Fils m'obtiennent la grâce que je sollicite.

Souvenez-vous, mon Dieu, de vos promesses et prêtez l'oreille à ma prière.

Parfois aussi, vous implorerez les grâces de Dieu par les mérites de la Sainte Vierge et des autres saints, car ils ont beaucoup de pouvoir dans le Ciel et le Seigneur se plaît à les honorer en récompense des honneurs qu'ils ont eux-mêmes rendus à sa divine majesté quand ils étaient sur la terre.

Septièmement, il faut persévérer dans l'oraison : l'humble persévérance finit par vaincre l'invincible lui-même. Si les instances et les importunités de la veuve de l'Évangile ont pu fléchir un juge impie et inhumain, comment notre prière n'aurait-elle pas la force d'incliner vers nous celui qui est la plénitude de tous les biens ?

Ainsi donc, quand même, après votre oraison, le Seigneur tarderait à venir et à vous exaucer, que dis-je ? quand même il semblerait vous rebuter, continuez à prier et à tenir ferme et vive la confiance que vous avez en son secours, parce qu'en Dieu ne manquent jamais les ressources nécessaires pour faire du bien aux hommes, qu'elles surabondent au contraire sans borne ni mesure.

C'est pourquoi, s'il ne manque rien de votre côté, soyez convaincu que vous obtiendrez toujours ce que vous demanderez ou quelque chose de plus utile encore, ou même les deux choses à la fois.

Et plus il vous semblera que vous êtes rebuté, plus vous vous humilierez à vos propres yeux et, le regard fixé d'un côté sur votre indignité et de l'autre sur la divine miséricorde, vous vous efforcerez d'accroître votre confiance en Dieu. Si vous savez la maintenir vive et ferme, les assauts

Chapitre 44

qu'elle aura à soutenir ne feront que la rendre plus agréable au Seigneur.

Enfin, remerciez-le sans cesse, bénissez sa bonté, sa sagesse et son amour, aussi bien lorsqu'il vous rebute que lorsqu'il vous exauce et, quoi qu'il arrive, tenez votre âme tranquille et joyeuse dans une humble soumission à sa divine Providence.

45. Ce qu'est l'oraison mentale.

L'oraison mentale est une élévation de l'âme à Dieu, dans laquelle on lui demande actuellement ou virtuellement les choses que l'on désire. Demander une grâce actuellement, c'est formuler mentalement sa demande de la manière suivante ou d'une façon équivalente : *Mon Seigneur et mon Dieu, accordez-moi cette grâce pour l'honneur de votre saint nom.*

Ou encore : *Seigneur, je crois que vous désirez et qu'il est de votre gloire que je demande et que j'obtienne cette grâce. Accomplissez donc maintenant en moi votre divine volonté.*

Dans les assauts que vous livreront vos ennemis, vous prierez de cette manière : *Seigneur, hâtez-vous de me secourir, de peur que je ne cède aux*

Chapitre 45

efforts de mes ennemis ; ou encore : *Mon Dieu, mon refuge, unique force de mon âme, venez vite à mon aide, de peur que je ne succombe.*

Et si la lutte continue, continuez à prier de la sorte en résistant courageusement à l'attaque.

Quand le plus fort du combat sera passé, tournez-vous vers Dieu et priez-le de considérer la force de l'ennemi qui vous a combattu, et votre faiblesse à lui résister. Dites-lui :

Voici, Seigneur, la créature que vous avez formée de vos mains miséricordieuses et que vous avez rachetée au prix de votre sang. Voilà l'ennemi qui veut vous l'enlever et la dévorer. Seigneur, j'ai recours à vous, j'ai confiance en vous qui êtes tout-puissant et infiniment bon. Voyez mon impuissance et le danger où je suis, si vous ne m'aidez, de devenir volontairement son esclave. Venez donc à mon secours, ô vous qui êtes l'espérance et la force de mon âme.

Demander *virtuellement*, c'est élever son esprit à Dieu pour obtenir ses grâces, en lui découvrant nos besoins sans rien dire davantage. M'étant donc mis en la présence de Dieu, je confesse mon impuissance à éviter le mal et à faire le bien et, enflammé du désir de le servir, je tiens les yeux fixés sur le Seigneur, attendant son secours avec humilité et confiance.

Cet aveu, ce désir enflammé, cette marque de confiance est une prière qui demande *virtuelle-*

ment à Dieu la grâce qui m'est nécessaire et, plus l'aveu est sincère, plus le désir est enflammé, plus la confiance est vive, plus aussi la prière est efficace.

Il y a une autre sorte encore d'oraison virtuelle plus courte : c'est un simple regard de l'âme vers Dieu, pour l'inviter à nous secourir. Ce regard est le rappel tacite d'une grâce déjà demandée, et une nouvelle instance pour l'obtenir.

Tâchez d'apprendre cette sorte d'oraison et de vous la rendre familière, car (l'expérience vous l'apprendra) c'est là une arme que nous tenons partout et toujours à notre disposition, une arme si utile et si puissante qu'aucune parole ne saurait vous en faire comprendre le prix.

46. De l'oraison qui se fait voie de méditation.

Si vous voulez prier pendant un certain espace de temps, une demi-heure, une heure, ou plus encore, vous devez joindre à l'oraison la méditation de la vie et de la Passion de Jésus-Christ, en appliquant chacune de ses actions à la vertu que vous voulez acquérir.

Si vous désirez, par exemple, obtenir la vertu de patience, vous choisirez pour sujet de méditation quelques circonstances de la flagellation.

Vous considérerez premièrement, comment les soldats, sur l'ordre de Pilate, traînèrent le Sauveur au lieu désigné pour la flagellation, en l'accablant de cris de haine et de railleries sanglantes.

Deuxièmement, comment les bourreaux le dépouillèrent de ses vêtements et laissèrent son corps très pur exposé aux regards du public.

Troisièmement, comment ses mains innocentes fortement serrées l'une contre l'autre par des liens cruels furent ensuite attachées à une colonne.

Quatrièmement, comment son corps déchiré et mis en lambeaux, à coups de fouets, inonda la terre de ruisseaux de sang.

Cinquièmement, comment les coups ajoutés aux coups renouvelaient et aggravaient sans cesse ses blessures.

Vous étant ainsi proposé pour acquérir la patience de méditer sur ces différents points, vous vous exciterez d'abord par l'imagination à ressentir le plus vivement possible les douleurs amères et les tourments affreux que votre bien-aimé Sauveur endurait dans chacun de ses membres adorables et dans son corps tout entier.

Passant ensuite à son âme très sainte, vous essayerez de vous représenter la patience et la mansuétude avec laquelle il a supporté ces incroyables douleurs, et la soif insatiable qu'il avait de souffrir des tourments plus grands et plus atroces encore pour la gloire de son Père et pour notre salut.

Cela fait, considérez comme votre divin Sauveur brûle du désir de vous voir endurer patiemment votre affliction. Voyez comme il se tourne

Chapitre 46

vers son Père et le conjure de vous accorder la grâce de porter avec résignation la croix qui vous afflige en ce moment ou tout autre qu'il lui plaira de vous envoyer.

Efforcez-vous alors de fléchir votre volonté pour l'amener à supporter patiemment ses épreuves, et tournez votre pensée vers le Père céleste. Remerciement d'abord de l'amour immense qui l'a poussé à envoyer son Fils unique sur la terre, afin qu'il y souffrît d'affreuses tortures et qu'il y intercédât pour nous. Demandez-lui ensuite la vertu de patience au nom des souffrances et des prières de son divin Fils.

47. D'une autre manière de prier par voie de méditation.

Vous pourrez, pour prier et méditer, suivre une autre méthode encore. Après avoir considéré attentivement les afflictions du Sauveur et avoir vu des yeux de l'esprit son empressement à les embrasser, vous passerez de la grandeur de ses tourments et de sa patience à deux autres considérations.

L'une aura pour objet ses mérites infinis ;

L'autre, le contentement et la gloire que la parfaite obéissance de Jésus souffrant a procurés à son Père céleste.

Vous représenterez ces deux choses à la Majesté divine, et en leur vertu vous lui demanderez la grâce que vous désirez.

Chapitre 47

Vous pourrez appliquer ce mode d'oraison non seulement à tous les mystères de la Passion de Notre Seigneur, mais à tous les actes, soit intérieurs, soit extérieurs, qu'il faisait en chacun de ces douloureux mystères.

48. Comment nous pouvons méditer en prenant pour sujet de méditation la bienheureuse Vierge Marie.

Outre les diverses manières de méditer et de prier que nous venons d'indiquer, en voici une autre qui se fait en prenant la Sainte Vierge pour sujet d'oraison. Vous la pratiquerez en tournant votre pensée d'abord vers le Père éternel, ensuite vers le doux Jésus, et en dernier lieu vers sa très glorieuse Mère.

À l'égard du Père éternel, vous considérerez deux choses.

La première est la complaisance qu'il a eue de toute éternité en contemplant la Vierge Marie en lui-même, avant qu'il ne l'eût tirée du néant.

La seconde, les vertus et les actions de Marie depuis le premier instant de son existence.

Chapitre 48

Voici comment vous méditerez sur le premier point. Élevez-vous par la pensée au-dessus de tous les temps et de toutes les créatures et, pénétrant jusqu'au sein de l'éternité et de l'entendement divin, considérez avec quelle satisfaction le Père éternel contemplait dans son essence celle qu'il destinait pour Mère à son Fils unique. Et trouvant Dieu lui-même en ces délices, conjurez-le, en leur nom, de vous accorder la force dont vous avez besoin pour terrasser vos ennemis en général, et en particulier celui qui vous presse en ce moment de ses attaques.

Passant ensuite à la considération des vertus sans nombre et des actions héroïques de cette Mère très sainte, présentez-les à Dieu toutes ensemble ou chacune en particulier, et demandez en leur nom à son infinie bonté les grâces qui vous sont nécessaires.

Tournant ensuite votre pensée du côté de votre divin Sauveur, vous lui rappellerez ce sein virginal qui l'a porté durant neuf mois, le respect avec lequel, après sa naissance, la Vierge très pure l'adora et le reconnut tout ensemble pour vrai homme et vrai Dieu, pour son Fils et son Créateur, les sentiments de compassion qu'elle éprouvait en le voyant si pauvre, l'amour avec lequel elle le pressait sur son cœur, les baisers si doux qu'elle déposait sur ses lèvres divines, le lait dont elle le nourrit, les fatigues et les angoisses qu'elle soutint durant sa vie et à sa mort. En évoquant ces souvenirs, vous ferez au cœur de son Fils une douce violence pour l'amener à exaucer votre prière.

Vous tournant enfin vers la très Sainte Vierge, dites-lui que la Providence et la bonté divine l'ont destinée de toute éternité à devenir la Mère de la grâce et de la miséricorde, et l'avocate des pécheurs. Et que, par conséquent, elle est, après son divin Fils, notre plus sûr et notre plus puissant refuge.

Rappelez-lui encore cette parole écrite à son sujet et confirmée par tant de miracles, que jamais on ne l'a invoquée avec foi sans avoir ressenti les effets de sa miséricorde.

Enfin, vous lui mettrez sous les yeux les tourments que Jésus-Christ a endurés pour notre salut, et vous la supplierez de vous obtenir, pour la gloire et la consolation de ce Fils si cher, la grâce de profiter de ses souffrances.

49. De quelques considérations qui doivent nous engager à recourir avec foi et confiance à la Vierge Marie.

Si vous voulez, dans vos nécessités, recourir avec foi et confiance à la Vierge Marie, voici quelques considérations qui vous seront d'un grand secours.

Premièrement, l'expérience nous montre que les vases où il y a eu du musc ou du baume en retiennent le parfum, surtout si la substance odorante y a séjourné longtemps et s'il en reste quelque peu. Et cependant le musc et les parfums les plus précieux n'ont qu'une vertu limitée et finie. De même, encore, celui qui est demeuré près d'un grand feu en conserve la chaleur longtemps après s'en être éloigné.

Cela étant, de quel feu de charité, de quels sentiments de clémence et de miséricorde ne doivent pas être embrasées et remplies les entrailles de cette Vierge incomparable qui a porté durant neuf mois dans son sein virginal, et qui porte encore dans son cœur et dans son amour celui qui est par essence charité, clémence et miséricorde, le Verbe incréé dont la vertu ne connaît ni bornes ni limites.

De même qu'on ne peut approcher d'un grand feu sans participer à la chaleur qu'il dégage, ainsi et à plus forte raison encore, on ne peut approcher avec humilité et confiance du foyer de charité, de miséricorde et de clémence qui brûle sans cesse au cœur de la Vierge Marie, sans en recevoir une multitude de faveurs et de bienfaits précieux. Plus nous nous en approcherons souvent, plus notre confiance sera vive, et plus aussi seront abondantes les grâces que nous en retirons.

Deuxièmement, jamais aucune créature n'eut autant d'amour pour Jésus-Christ, autant de soumission à sa volonté que sa très sainte Mère.

Si donc ce divin Sauveur qui a souffert durant toute sa vie, qui s'est sacrifié tout entier pour le salut de pauvres pécheurs comme nous, si ce Sauveur, dis-je, nous a donné pour mère et avocate sa propre Mère, afin qu'elle nous vînt en aide et fût après lui la médiatrice de notre salut, comment comprendre jamais que cette Mère et cette avocate nous abandonne et devienne à ce point rebelle à la volonté de son Fils ?

Recourez donc dans toutes vos nécessités à la Vierge, Mère de Dieu, avec une confiance sans bornes. Cette confiance sera pour vous un trésor inépuisable, un refuge assuré et une source intarissable de grâce et de miséricorde.

50. Comment nous pouvons dans l'oraison nous aider du secours et de l'intermédiaire des Anges et des Saints.

Pour vous servir dans l'oraison du secours et de la protection des anges et des saints, voici les deux moyens que vous pouvez prendre.

Le premier, c'est de vous adresser au Père éternel, de lui représenter l'amour et les louanges dont l'honore toute la cour céleste. Les fatigues et les peines que les saints ont endurées sur la terre pour son amour, et de conjurer en leur nom sa divine majesté de vous accorder les secours qui vous sont nécessaires.

Le second moyen, c'est de recourir à ces esprits glorieux qui, non contents de désirer notre perfection, nous souhaitent une gloire plus élevée que celle dont ils jouissent dans le ciel. Vous les prierez donc instamment de vous aider à vaincre vos passions et à triompher de vos ennemis, et de vous défendre à l'article de la mort.

Mettez-vous parfois aussi à considérer les grâces nombreuses et privilégiées qu'ils ont reçues du Créateur souverain. ; excitez en votre cœur de vifs sentiments d'amour pour eux, et réjouissez-vous des dons que Dieu leur a prodigués, comme s'ils vous avaient été accordés à vous-même.

Réjouissez-vous même, si c'est possible, de ce que ces faveurs leur ont été accordées de préférence à vous-même, parce que telle a été la volonté de Dieu ; que ce soit là pour vous un motif de le louer et de le remercier.

Pour pratiquer cet exercice avec méthode et facilité, vous pourrez partager les jours de la semaine entre les divins ordres des bienheureux et consacrer de la sorte.

- Le dimanche aux neuf chœurs des anges ;
- Le lundi à saint Jean Baptiste ;
- Le mardi aux patriarches et aux prophètes ;
- Le mercredi aux apôtres ;

- Le jeudi aux martyrs ;
- Le vendredi aux pontifes et aux autres saints ;
- Le samedi aux vierges et aux autres saintes.

Mais n'oubliez pas de recourir chaque jour à la Vierge Marie, Reine de tous les saints, à votre saint ange gardien, à saint Michel archange et à tous vos saints protecteurs.

Chaque jour aussi, demandez à la Sainte Vierge, à son divin Fils et au Père éternel qu'ils daignent vous donner pour principal avocat et protecteur saint Joseph, époux de Marie. Et vous adressant ensuite à ce grand saint, priez-le avec confiance de vous recevoir sous sa protection.

Innombrables sont les merveilles que l'on rapporte avoir été opérées par cet illustre patriarche, et les faveurs signalées qu'en ont reçues tous ceux qui l'ont honoré et qui l'ont invoqué dans leurs nécessités spirituelles et temporelles. Il se plaît surtout à se faire le guide des personnes pieuses dans l'oraison et les exercices de la vie intérieure.

Si Dieu honore tant les autres saints parce qu'ils l'ont servi et honoré en ce monde, de quelle considération et de quelle puissance ne doit pas jouir auprès de lui ce très humble et très glorieux

Chapitre 50

patriarche qu'il a honoré lui-même sur la terre jusqu'à vouloir se soumettre à lui et lui obéir comme un fils obéit à son père.

51. Des diverses affections que nous pouvons tirer de la passion de Jésus-Christ.

Ce que j'ai dit plus haut touchant la Passion du Sauveur avait pour but de vous enseigner à prier et à méditer par voie de demande. Nous allons voir maintenant de quelle manière nous pouvons tirer du même sujet diverses affections pieuses.

Vous vous proposez, je suppose, de méditer sur le crucifiement. Vous pouvez, entre autres circonstances de ce mystère, considérer celles qui suivent.

Premièrement, comment les bourreaux arrivés au sommet du Calvaire dépouillèrent violemment le divin Sauveur et mirent en lambeaux sa chair virginale que le sang des blessures avait collée à ses vêtements.

Chapitre 51

Secondement, comment on lui ôta sa couronne d'épines et comment, en la replaçant sur sa tête, on lui fit de nouvelles blessures.

Troisièmement, comment on l'attacha à la croix à coups de marteaux, avec d'énormes clous.

Quatrièmement, comment ces bourreaux cruels, voyant que les mains et les pieds n'arrivaient pas aux ouvertures destinées à recevoir les clous, les tirèrent si violemment que ses os disjoints pouvaient se compter un à un.

Cinquièmement, comment, élevé sur cette croix où il n'était soutenu que par les clous, le Sauveur sentit ses plaies sacrées s'élargir avec d'incroyables tourments sous le poids de son corps.

Si vous voulez par ces considérations, ou d'autres semblables, exciter des sentiments d'amour en votre cœur, efforcez-vous d'arriver par la méditation à une connaissance de plus en plus parfaite de la bonté infinie de votre Sauveur, et de l'amour qu'il vous a témoigné en voulant endurer pour vous de si cruelles souffrances, car plus cette connaissance se perfectionnera en vous, plus aussi s'accroîtra votre amour.

De la connaissance de la bonté et de l'amour infini que Jésus vous a témoignés, vous arriverez sans peine à concevoir une douleur profonde d'avoir si souvent et si indignement offensé un

Dieu abreuvé d'outrages et de tortures en expiation de vos iniquités.

Pour vous exciter à l'espérance, considérez que le Maître souverain de toutes choses a été réduit à cet excès de misère pour détruire le péché, vous délivrer des pièges du démon et expier vos fautes personnelles, qu'il a voulu par là vous rendre propice son Père éternel et vous encourager à recourir à lui dans tous vos besoins.

Votre douleur se convertira en joie si des souffrances du divin Sauveur vous passez à la considération des effets qu'elles ont produits, si vous songez que par sa Passion il a effacé les péchés du monde, apaisé le courroux de son Père, confondu le prince des ténèbres, détruit la mort et rempli les places laissées vides par les anges prévaricateurs.

Votre bonheur s'accroîtra encore au souvenir de la joie que la Rédemption causa à la Sainte Trinité, à la Sainte Vierge, à l'Église triomphante et à l'Église militante.

Pour vous exciter à la haine du péché, concentrez tous les points de votre méditation sur cette pensée unique que le Sauveur n'a tant souffert que pour vous faire haïr vos mauvaises inclinations, et principalement celle qui domine en vous et qui déplaît le plus à sa divine bonté.

Chapitre 51

Pour éveiller en vous des sentiments d'admiration, considérez s'il est un prodige plus étonnant que de voir le Créateur de l'univers, l'auteur de la vie, persécuté jusqu'à la mort par ses créatures, de voir la majesté suprême avilie et foulée aux pieds, la justice condamnée, la beauté suprême souillée de crachats, l'amour du Père céleste devenu un objet de haine, la lumière incréée et inaccessible tombée au pouvoir des ténèbres, la gloire et la félicité mêmes regardées comme l'opprobre du genre humain et plongées dans un abîme de misères.

Pour compatir aux douleurs de votre divin Maître, ne vous contentez pas de méditer ses souffrances corporelles mais scrutez par la pensée les peines incomparablement plus grandes qu'il a endurées dans son âme. Que si les premières vous touchent, comment les autres pourraient-elles ne pas vous fendre le cœur ?

L'âme de Jésus-Christ voyait la divine essence comme elle la voit maintenant dans le ciel. Il la savait donc souverainement digne d'être honorée et servie et il désirait de toute l'ardeur de son amour pour elle voir toutes les créatures se consacrer sans réserve à son service.

La voyant au contraire indignement outragée par les crimes sans nom, il sentait son cœur transpercé de douleurs aiguës ; et ces tortures étaient d'autant plus atroces que son amour était plus grand, et plus ardent son désir de voir une si haute majesté honorée et servie par toutes les créatures.

Et comme la grandeur de cet amour et de ce désir surpasse toute conception, personne ne parviendra jamais à comprendre combien furent cruelles et accablantes les souffrances intérieures de Jésus crucifié.

De plus, comme il aimait tous les hommes plus qu'on ne saurait le dire, les péchés qui devaient les séparer de lui, lui causaient une douleur incroyable. Il voyait tous les péchés commis ou à commettre par tous les hommes qui ont été ou qui seront jamais, et à chaque péché qui passait sous ses yeux, il se sentait arracher une âme unie à la sienne par les liens de la charité.

Cette séparation lui causait une douleur bien supérieure à celle que le corps ressent lorsqu'on disjoint ses membres, attendu que l'âme, étant un pur esprit, est d'une nature plus noble et plus parfaite que le corps, et partant plus susceptible de douleur.

Parmi toutes les souffrances du Sauveur, il en est une qui lui fut particulièrement cruelle, c'est la souffrance qu'il éprouva en voyant les péchés des damnés et les tortures qu'ils auraient à souffrir

CHAPITRE 51

éternellement pour s'être irrémédiablement séparés de lui.

Si la vue de votre bien-aimé Jésus attendrit votre âme, pénétrez plus avant dans son cœur et considérez, pour vous exciter davantage encore à la compassion, les douleurs extrêmes qu'il a endurées non seulement pour les péchés qui ont été réellement commis, mais même pour ceux qui ne le furent jamais, car il est hors de doute qu'il ne nous a préservés des uns, comme il n'a obtenu le pardon des autres, qu'au prix de ses précieuses souffrances.

Vous trouverez, âme chrétienne, pour vous exciter à compatir aux douleurs de Jésus crucifié, bien d'autres considérations encore, car, parmi toutes les souffrances qu'ait jamais endurées et qu'endurera jamais créature raisonnable, il n'en est aucune que le Sauveur n'ait éprouvée en lui-même.

Injures, tentations, opprobres, austérités volontaires, angoisses et tourments de tout genre, Jésus-Christ a tout ressenti dans son âme, et plus vivement même que les hommes qui ont subi ces épreuves.

Toutes les afflictions, grandes et petites, spirituelles et corporelles, jusqu'au moindre mal de tête et à la moindre piqûre d'épingle, ce Maître charitable les a connues distinctement, et il a voulu, dans sa tendresse infinie, y compatir et les graver dans son cœur.

Mais qui pourra jamais exprimer combien furent poignantes pour son Cœur les douleurs de sa très Sainte Mère ? Toutes les peines, toutes les tortures que le Sauveur endura, Marie les ressentit de la même manière et dans les mêmes vues et quoique ses tourments n'égalassent pas ceux de son Fils, ils étaient pour la Vierge d'une cruauté inouïe. Or, les douleurs de la Mère renouvelèrent les blessures intérieures du Fils et, comme autant de flèches embrasées, elles demeurèrent fixées dans ce cœur affectueux.

Tant de tourments, et une infinité d'autres que nous ignorons, ne vous autorisent-ils pas à appeler ce cœur *un enfer volontaire allumé par l'amour*, selon l'énergique expression d'une âme dévote ?

Si vous recherchez, âme chrétienne, la cause des souffrances sans bornes de Jésus crucifié, votre Maître et votre Rédempteur, vous n'en trouverez point d'autre que le péché.

Concluez de là que la véritable compassion et la principale reconnaissance que le Sauveur demande de nous et que nous lui devons à tant de titres, c'est un regret sincère de nos fautes inspiré uniquement par notre amour pour lui, une horreur souveraine du péché et une généreuse ar-

Chapitre 51

deur à combattre nos ennemis et nos mauvaises inclinations afin que, dépouillés du vieil homme et de ses œuvres, nous nous revêtions de l'homme nouveau et ornions notre âme des vertus évangéliques.

52. Des fruits que nous pouvons retirer de la méditation de Jésus crucifié, et de l'imitation de ses vertus.

Cette sainte méditation procure de grands et nombreux avantages. Le premier fruit que vous en retirerez sera de regretter vos péchés passés et de vous affliger de voir vivre toujours dans votre cœur les passions déréglées qui ont attaché votre divin Maître à la croix.

Le second, de lui demander le pardon de vos fautes et la grâce de vous haïr vous-même afin de mettre un terme à vos offenses et, en reconnaissance de tant de tourments endurés pour nous, ce que vous ne sauriez faire si vous n'êtes animé de cette haine salutaire.

Le troisième, de vous mettre à l'œuvre tout de

bon et de poursuivre à outrance jusqu'à vos moindres passions.

Le quatrième, de vous efforcer d'imiter le plus parfaitement possible les vertus de notre divin Sauveur. S'il a tant souffert, ce n'est pas seulement pour nous racheter et expier nos iniquités, mais encore pour nous engager à marcher sur ses traces.

Voici une matière de méditer qui vous sera à cet égard d'une grande utilité.

Si, par exemple, vous voulez, pour imiter votre divin Maître, acquérir la vertu de patience, considérez les points suivants :

Premièrement, ce que l'âme de Jésus souffrant fait pour Dieu, deuxièmement, ce que Dieu fait pour l'âme de Jésus-Christ, troisièmement, ce que l'âme de Jésus-Christ fait pour elle-même et pour son corps, quatrièmement, ce que Jésus-Christ fait pour nous, cinquièmement, ce que nous devons faire pour Jésus-Christ.

Considérez donc premièrement comment l'âme de Jésus-Christ tout absorbée en Dieu contemple cette majesté infinie et incompressibilité devant laquelle toutes les choses créées ne sont que néant et demeure saisie d'étonnement en la voyant s'abaisser, sans rien perdre néanmoins de sa gloire essentielle, jusqu'à souffrir les plus indignes traitements pour des hommes ingrats et rebelles, et comment, à cette vue, elle adore et remercie Dieu et se dévoue sans réserve à son service.

Deuxièmement, voyez ce que Dieu a fait à l'égard de l'âme de Jésus-Christ, avec quelles instances il la presse de souffrir pour nous les soufflets, les crachats, les blasphèmes, les fouets, les épines et la croix, en lui représentant combien il se plaît à la voir ainsi surchargée d'opprobres et d'afflictions.

Troisièmement, revenez à l'âme de Jésus-Christ et considérez comment cette âme douée d'une intelligence toute de lumière qui lui découvre le plaisir extrême que Dieu prend à son sacrifice, et d'un amour tout de feu qui la porte à aimer sans mesure sa majesté souveraine, tant à cause de ses infinies perfections que pour les bienfaits immenses dont elle lui est redevable. Considérez, dis-je, comment cette âme accepte avec joie l'invitation que le Seigneur lui fait de souffrir pour notre amour et notre exemple, et comment elle s'empresse d'obéir à sa volonté sainte.

Qui pourra jamais pénétrer la profondeur des désirs de cette âme si pure et si aimante ? Perdue comme dans un labyrinthe de souffrances, elle cherche des voies nouvelles, de nouveaux moyens de souffrir ; et, ne trouvant pas ce qu'elle cherche,

Chapitre 52

elle s'abandonne librement elle-même avec sa chair innocente à la merci des hommes cruels et des esprits infernaux.

Quatrièmement, représentez-vous votre divin Sauveur tournant vers vous un regard de miséricorde et vous adressant ces paroles :

Vois, mon enfant, l'état déplorable auquel tu m'as réduit pour n'avoir pas su te faire un peu de violence à toi-même et à tes passions déréglées. Vois combien je souffre, et avec quelle joie je le fais par amour pour toi et pour te donner l'exemple de la patience.

Ô mon enfant, je te conjure au nom de mes douleurs de porter de bon cœur cette croix, ou tout autre qu'il me plaira de t'envoyer, et de t'abandonner entièrement aux mains des persécuteurs, quel que soit leur acharnement à flétrir ton honneur et à tourmenter ton corps.

Oh ! si tu savais la consolation que me donnera ta patience ! Juges-en par ces plaies que j'ai reçues comme autant de pierres précieuses, afin d'enrichir de vertus ta pauvre âme que j'aime infiniment plus que tu ne saurais le concevoir. Et si j'ai voulu pour toi être réduit à cette extrémité, pourquoi, ô mon épouse bien-aimée, ne voudrais-tu pas souffrir un peu pour contenter mon cœur et adoucir les plaies que m'a causées ton impatience, qui est pour moi un tourment plus amer encore que mes plaies elles-mêmes.

Cinquièmement, considérez quel est celui qui

vous parle de la sorte, et vous reconnaîtrez en lui le Roi de gloire, Jésus-Christ vrai Dieu et vrai homme. Examinez la grandeur de ses tourments et de ses opprobres : ils sont tels qu'on n'oserait les infliger au plus infâme des voleurs.

Voyez-le calme et immobile, que dis-je ? rayonnant de joie au milieu des souffrances comme l'époux au festin nuptial.

Et comme quelques gouttes d'eau jetées sur un brasier rendent la flamme plus ardente, ainsi l'excès de ses tourments, trop légers toujours au gré de sa surabondante charité, ne faisait qu'accroître son bonheur et la soif insatiable de souffrances qui le consumait.

Considérez que ce bon Maître a tout fait et tout souffert non par contrainte ou par intérêt mais, ainsi qu'il l'a déclaré lui-même, par amour pour nous et afin de vous apprendre, par son exemple, à pratiquer la vertu de patience. Vous pénétrant alors de sa volonté à votre égard et du plaisir qu'il prendra à vous voir pratiquer cette vertu, excitez en vous un désir ardent de supporter avec résignation et même avec joie la croix plus lourde encore, afin de mieux imiter votre Dieu et de procurer plus de consolations à son cœur.

Jésus en croix, voilà le livre que je vous

conseille de lire : vous y trouverez l'image fidèle de toutes les vertus.

C'est le véritable *livre de vie* destiné non seulement à éclairer l'intelligence par ses enseignements, mais à enflammer la volonté par les exemples vivants qu'il met sous nos yeux. Le monde est rempli de livres, mais tous ces livres ensemble ne valent pas, pour enseigner la pratique de la vertu, un regard jeté sur le crucifix.

Sachez-le bien, âme chrétienne, ceux qui emploient des heures entières à pleurer sur la Passion de Notre Seigneur et à admirer sa patience, et qui, dans les afflictions qui leur surviennent, sont aussi impatients que s'ils avaient, dans leur oraison, pensé à tout autre chose, ressemblent à des soldats qui, avant la bataille, sous la tente où ils sont assis, se promettent d'accomplir les plus brillants exploits et qui, à la vue de l'ennemi, jettent les armes et prennent la fuite.

Qu'y a-t-il de plus insensé et de plus pitoyable à voir que ces chrétiens qui, après avoir contemplé comme dans un miroir éclatant les vertus du Sauveur, après les avoir aimées et admirées, les oublient ou n'en font plus aucune estime quand l'occasion se présente de les mettre en pratique ?

53. De l'adorable Sacrement de l'Eucharistie.

Si vous vous en souvenez, j'ai travaillé jusqu'ici à vous munir des quatre armes nécessaires pour triompher de vos ennemis et à vous apprendre la manière de vous en servir.

Il me reste maintenant à vous en proposer une autre, et c'est le très Saint Sacrement de l'Eucharistie.

De même que cet adorable sacrement surpasse en dignité tous les autres sacrements, de même aussi l'arme qu'il vous présente l'emporte en efficacité sur toutes les autres armes.

Les quatre premières empruntent leur force aux mérites de Jésus-Christ et à la grâce qu'il nous a acquise au prix de son sang, mais cette

Chapitre 53

dernière, c'est le sang même du Sauveur, c'est son âme, c'est sa divinité.

Avec celles-là nous luttons contre nos ennemis par la vertu de Jésus-Christ, avec celle-ci nous les combattons en compagnie de Jésus-Christ, et Jésus-Christ les combat avec nous, puisque *celui qui mange la chair de* Jésus-Christ *et boit son sang, demeure en* Jésus-Christ *et* Jésus-Christ *en lui* (S. Jean VI. 57.).

Et puisque l'on peut recevoir cet adorable sacrement et se servir de cette arme de deux façons, sacramentellement une fois le jour, et spirituellement à toute heure, vous devrez faire la communion spirituelle le plus souvent possible, et recevoir la communion sacramentelle toutes les fois que vous en aurez la permission.

54. De la manière de recevoir le très saint Sacrement de l'Eucharistie.

Nous pouvons nous approcher de ce divin sacrement pour plusieurs fins et pour arriver à ces fins, nous avons plusieurs choses à observer : avant la communion, au moment de la communion, après la communion.

Avant de communier, quel que soit le motif qui nous engage à le faire, nous devons, si nous ne sommes pas en état de grâce, recourir au sacrement de pénitence, afin de laver et de purifier notre âme de la souillure du péché mortel.

Nous devons ensuite nous offrir de tout cœur et sans réserve à Jésus-Christ, et lui consacrer notre âme avec toutes ses forces et ses puissances, puisqu'il nous donne lui-même en cet adorable sacrement son sang, sa chair, son âme, sa divinité et ses mérites et comme ce que nous lui offrons est peu de chose et pour ainsi dire rien en comparaison de ce qu'il nous donne, nous devons souhaiter d'avoir tout ce que les créatures du ciel et de la terre lui ont jamais offert de plus agréable, afin d'en faire présent à sa divine majesté.

Si vous voulez communier en vue de vaincre et de réduire à néant nos ennemis et les siens, commencez dès la veille au soir, ou le plus tôt que vous pourrez, à considérer le désir qu'a le Fils de Dieu d'entrer, par ce sacrement, dans le sanctuaire de votre cœur, afin de s'unir à vous et de vous aider à dompter vos passions mauvaises.

Ce désir est si grand, si ardent en Notre Seigneur, qu'aucune intelligence créée ne le saurait comprendre. Pour vous en former une idée, gravez profondément ces deux choses dans votre âme.

L'une est le plaisir ineffable que ce Dieu si bon prend à demeurer avec nous, ce sont là ses délices, nous dit-il lui-même au livre des Proverbes.

L'autre est la haine infinie que Dieu porte au péché, tant à cause de l'obstacle qu'il met à l'union qu'il désire si ardemment contracter avec nous, qu'à cause de son opposition directe avec ses divines perfections. Étant lui-même un bien infini, une lumière toute pure, une beauté sans tache, il ne peut pas s'empêcher de haïr et de détester souverainement le péché qui n'est que ténèbres, malice et affreuse corruption.

Cette haine est si ardente que toutes les œuvres opérées par Dieu dans l'Ancien comme dans le Nouveau Testament, et particulièrement la Passion de son Fils bien-aimé, n'ont eu en vue que la destruction du péché. C'est au point que les serviteurs de Dieu les plus éclairés assurent que le Sauveur serait prêt encore à souffrir mille morts, si c'était nécessaire, pour effacer la moindre trace du péché dans notre âme.

Quand ces deux considérations vous auront fait comprendre, quoiqu'imparfaitement encore, combien Notre Seigneur désire entrer dans votre cœur pour en chasser ses ennemis et les vôtres, et les exterminer à jamais, vous exciterez en vous, dans le même but, un désir ardent de le recevoir.

Sentant alors votre âme animée d'un saint zèle et fortifiée par l'espérance de la venue de votre céleste capitaine, provoquez coup sur coup au combat la passion que vous avez entreprise de vaincre, et réprimez-la par des mouvements réitérés de haine et des actes fréquents de la vertu contraire. Que ce soit là votre principale occupation la veille au soir, et le matin du jour où vous devez communier.

Quand vous verrez approcher le moment de la communion, jetez un regard rapide sur les fautes dont vous vous êtes rendu coupable depuis la communion précédente, sur ces fautes que vous avez commises avec autant de liberté que si Dieu n'existait pas et n'avait pas enduré pour vous les tourments effroyables de sa Passion.

Songez que vous avez préféré votre plaisir et vos caprices à la volonté et à l'honneur de Dieu, et pénétrez-vous des sentiments d'une confusion profonde et d'un saint effroi à la vue de votre ingratitude et de votre indignité.

Venant ensuite à considérer que l'abîme immense de la bonté de votre Dieu appelle l'abîme de votre ingratitude et de votre infidélité, approchez-vous de lui avec confiance et ouvrez-lui bien large votre cœur, afin qu'il s'en rende le maître absolu. Pour lui faire une large place dans votre cœur, vous en bannirez toute affection terrestre, et puis vous le fermerez avec soin pour que rien n'y puisse entrer que votre divin Maître.

Après la sainte communion, retirez-vous promptement dans le secret de votre cœur et, après avoir humblement adoré Notre Seigneur, dites-lui intérieurement :

Vous voyez, ô mon unique bien, l'inclination violente que j'ai au péché, l'empire que cette passion exerce sur moi, et l'impuissance où je suis de lui résister. C'est donc à vous qu'il appartient de la combattre.

Je dois sans doute combattre avec vous, mais c'est de vous que j'attends la victoire.

Puis, vous adressant au Père éternel, offrez-lui en actions de grâces et pour obtenir la victoire sur vous-même, son Fils bien-aimé, qu'il vous a donné et que vous possédez au-dedans de vous. Prenez alors la résolution de lutter généreusement contre l'ennemi qui vous poursuit, et attendez la victoire avec la conviction que Dieu vous l'accordera infailliblement tôt ou tard si, de votre côté, vous faites ce qui est en votre pouvoir pour l'obtenir.

55. Comment nous devons nous préparer à la communion, si nous voulons qu'elle nous excite à l'amour de Dieu.

Si vous voulez que la sainte Eucharistie embrase votre cœur du feu de l'amour divin, pensez à l'amour que Dieu vous a témoigné.

Dès la veille au soir, considérez que ce Seigneur si grand et si puissant ne s'est pas contenté de vous créer à son image et à sa ressemblance et d'envoyer son Fils unique sur la terre afin qu'il y souffrît durant trente-trois ans en expiation de vos iniquités et qu'il endurât, pour votre salut, des tourments inouïs et la mort cruelle de la croix, mais que de plus il a voulu vous le laisser pour être votre nourriture et votre soutien dans le très Saint Sacrement de l'autel.

Examinez attentivement, en cet amour, les

qualités éminentes qui le rendent à tous égards parfait et sans égal.

Premièrement, si vous considérez sa durée, vous y reconnaîtrez un amour perpétuel, un amour sans commencement. Comme Dieu est éternel en sa divinité, ainsi l'est-il en son amour. C'est cet amour qui lui a fait prendre en lui-même, avant tous les siècles, la résolution de nous donner son Fils unique d'une manière si admirable.

À cette pensée, vous vous écrierez dans les transports d'une sainte allégresse : *Il est donc vrai qu'en cet abîme de l'éternité, ma bassesse était si chérie et si estimée de ce grand Dieu qu'il pensait à moi et désirait dans son ineffable charité me donner son Fils unique en nourriture !*

Deuxièmement, tous les autres amours, si ardents qu'ils soient, ont des bornes qu'ils ne peuvent dépasser. L'amour de Dieu seul est sans mesure. C'est pour satisfaire pleinement cet amour qu'il nous a donné son propre Fils, ce Fils unique qui l'égale en majesté et en perfection, qui a la même substance et nature que lui. Ainsi l'amour est aussi grand que le don, et le don aussi grand que l'amour, et l'un et l'autre sont tels qu'ils surpassent tout ce que l'intelligence peut imaginer de plus sublime.

Troisièmement, Dieu dans son amour pour

nous n'a cédé à aucune nécessité, à aucune contrainte. C'est à sa bonté naturelle uniquement que nous devons ce gage ineffable de son affection pour nous.

Quatrièmement, aucune œuvre, aucun mérite de notre part n'a pu engager ce Maître souverain à honorer notre bassesse d'un tel excès d'amour. C'est par pure libéralité qu'il s'est donné à de pauvres créatures telles que nous.

Cinquièmement, si vous examinez la pureté de cet amour, vous n'y verrez pas ce mélange d'intérêt qui se rencontre dans les amitiés mondaines. Le Seigneur n'a que faire de nos biens, puisqu'il jouit en lui-même et indépendamment de nous d'un bonheur et d'une gloire sans bornes. Et si, dans sa bonté et sa charité ineffables, il s'est abaissé vers nous, c'est notre avantage et non le sien qu'il a recherché.

À cette pensée, vous vous direz en vous-même : *Comment se peut-il qu'un* DIEU *infiniment grand mette son affection dans une si abjecte créature ? Que voulez-vous, ô Roi de gloire, qu'attendez-vous de moi qui ne suis qu'un peu de poussière ? Je vois parfaitement, ô mon* DIEU*, dans les splendeurs de votre ardente charité, que vous n'avez qu'un seul dessein, et cette vue me découvre plus clairement que jamais la pureté de votre amour. Vous voulez, en vous donnant à moi en nourriture, me transformer en vous, non que* *vous ayez besoin de moi, mais parce que vous désirez que, vivant en vous, et vous en moi, je devienne par cette union amoureuse un autre vous-même, et que mon cœur si vil et si attaché aux choses de la terre ne fasse plus avec le vôtre qu'un cœur céleste et divin.*

Pénétré d'étonnement et de joie à la vue de l'estime et de l'amour dont Dieu vous honore, et persuadé que son amour tout-puissant n'a d'autre dessein, d'autre volonté que d'attirer à lui votre amour, en le détachant d'abord de toutes les créatures, et ensuite de vous-même qui êtes aussi une créature, offrez-vous tout entier en holocauste au Seigneur, afin que son amour seul et le désir de lui plaire dirigent votre entendement, votre volonté et votre mémoire, et règlent désormais l'usage de vos sens.

Considérant ensuite que rien n'est capable de produire en vous ces fruits divins, comme la digne réception du très Saint Sacrement de l'autel, ouvrez au Seigneur le chemin de votre âme par les oraisons jaculatoires et les amoureuses aspirations qui suivent :

Ô nourriture plus que céleste, quand viendra l'heure où, embrasé des seules flammes de votre amour, je me sacrifierai tout entier à vous ? Quand donc viendra cette heure, quand viendra-t-elle, ô amour incréé ?

Ô manne céleste, quand sera-ce que, dégoûté de

Chapitre 55

tout aliment terrestre, je ne soupirerai plus qu'après vous, je ne me nourrirai plus que de vous ? Quand sera-ce, ô douceur de mon âme, ô mon unique bien ?

Je vous en conjure, ô mon très aimant et très puissant Seigneur, dégagez dès maintenant ce misérable cœur de toute attache, de toute passion coupable, et ornez-le de vos admirables vertus et de cette intention pure qui ne cherche en toute chose que votre bon plaisir. Alors je vous ouvrirai mon cœur, je vous inviterai, j'userai d'une douce violence pour vous contraindre d'y entrer. Et vous, Seigneur, vous opérerez en moi, sans rencontrer de résistance, les effets que vous avez toujours désiré y produire.

Ce sont là les sentiments d'amour que vous entretiendrez dans votre âme le soir et le matin, afin de vous préparer à la communion.

Quand approche le temps de communier, considérez quel est celui que vous allez recevoir.

C'est le Fils de Dieu, celui dont la majesté souveraine fait trembler les cieux et toutes les vertus des cieux.

C'est le Saint des saints, le miroir sans tache, la pureté incompréhensible, en comparaison de laquelle toute créature est souillée.

C'est celui qui, devenu semblable à un ver de terre et confondu avec la lie du peuple, a voulu par amour pour vous être rebuté, foulé aux pieds, tourné en dérision, couvert de crachats et attaché à la croix par la malignité et l'injustice du monde.

Vous allez, dis-je, recevoir ce Dieu qui tient dans sa main la vie et la mort de l'univers entier.

Considérez d'un autre côté que de vous-même vous n'êtes rien, et que par le péché, vous vous êtes volontairement ravalé au-dessous des êtres les plus vils et les plus immondes, et rendu digne d'être à jamais l'opprobre et le jouet des esprits infernaux.

Qu'au lieu de témoigner à Dieu votre reconnaissance pour les immenses et innombrables bienfaits qu'il vous a accordés, vous avez, en suivant vos caprices et vos passions, méprisé ce Maître si grand et si plein d'amour, et foulé aux pieds son sang précieux.

Que dans sa charité persévérante et son immuable bonté, il vous invite néanmoins à vous approcher de sa Table sainte, qu'il vous y oblige même sous peine de mort.

Il ne vous refuse point l'accès de sa miséricorde, il ne se détourne point de vous, bien que par nature vous soyez couvert de lèpre, boiteux, hydropique, aveugle, possédé du démon, et que vous vous soyez livré à toutes les débauches.

Tout ce qu'il demande de vous, c'est :

Chapitre 55

- Premièrement, que vous vous repentiez de l'avoir offensé ;
- Deuxièmement, que vous haïssiez par-dessus toute chose le péché, mortel et véniel ;
- Troisièmement, que vous vous teniez étroitement uni à sa volonté sainte, par l'affection toujours, et par les effets quand il vous intimera ses ordres ;
- Quatrièmement enfin, que vous espériez avec une ferme confiance qu'il vous pardonnera vos offenses, effacera vos souillures et vous défendra contre tous vos ennemis.

Ainsi fortifié par la pensée de l'amour ineffable que vous porte votre divin Sauveur, vous vous approcherez de la Table sainte avec un respect mêlé de crainte et d'amour. *Seigneur, lui direz-vous, je ne suis pas digne de vous recevoir, parce que je vous ai si souvent et si grièvement offensé, et que je n'ai pas encore pleuré mes fautes comme je dois le faire.*

Seigneur, je ne suis pas digne de vous recevoir, parce que je ne suis pas pur de toute attache au péché véniel.

Seigneur, je ne suis pas digne de vous recevoir, parce que je ne me suis pas encore donné sincèrement à votre amour, à votre volonté, et à l'entier accomplissement de vos ordres.

Ô Dieu tout-puissant et infiniment bon, je vous en conjure au nom de votre bonté et de vos promesses, rendez-moi digne de vous recevoir avec foi et amour.

Aussitôt après la communion, recueillez-vous dans le secret de votre cœur et, oubliant toute chose créée, entretenez-vous avec votre divin Sauveur en ces termes, ou autres semblables.

Ô Roi du ciel, qui donc vous a fait descendre en moi qui ne suis qu'une créature misérable, pauvre, aveugle et dénuée de tout ? Et il vous répondra : C'est l'amour. Et vous lui répliquerez : Ô amour incréé, ô amour plein de charmes, que voulez-vous de moi ? — Rien, dira-t-il, sinon l'amour. Je ne veux voir d'autre feu brûler sur l'autel de ton cœur, dans tes sacrifices et dans toutes tes œuvres, que le feu de mon amour ; qu'il consume en toi tout amour terrestre et toute volonté propre, et fasse monter jusqu'à moi le plus suave des parfums.

C'est là ce que j'ai toujours demandé et que je demande encore, car mon désir est que je sois tout à toi, et que tu sois toi-même tout à moi. Et ce désir restera sans accomplissement aussi longtemps que, faute d'avoir fait cet acte de renoncement à toi-même qui m'est si agréable, tu demeureras attaché à ton amour-propre, à ton jugement, à tes volontés et au désir que tu as d'être estimé des hommes.

Chapitre 55

Je demande de toi la haine de toi-même pour te donner mon amour, ton cœur pour l'unir à mon cœur qui a été ouvert sur la croix pour recevoir le tien. Je te requiers tout entier pour me donner tout entier à toi. Tu sais que je vaux incomparablement plus que toi, et néanmoins je consens dans ma bonté à ne pas m'estimer plus haut que toi. Achète-moi donc maintenant, ô âme bien-aimée, en te donnant à moi.

Je veux que tu arrives à ne rien vouloir, ne rien penser, ne rien entendre, ne rien voir en dehors de moi et de ma volonté, afin qu'en toi ce soit moi qui veuille, pense, entende et voie. Et que ton néant ainsi absorbé dans l'abîme de ma grandeur infinie se convertisse en elle.

De cette façon, tu seras pleinement heureuse en moi, et moi-même pleinement heureux en toi.

Enfin, vous présenterez au Père éternel son Fils bien-aimé, pour le remercier du don qu'Il vous a fait et pour solliciter de sa bonté les grâces que vous désirez obtenir pour vous-même, pour la sainte Église, pour vos parents, pour vos bienfaiteurs et pour les âmes du purgatoire. Cette offrande, vous l'unirez à celle que JÉSUS-CHRIST fit de lui-même sur la croix, lorsqu'il s'offrit tout sanglant à son Père céleste.

Vous pourrez lui offrir de même toutes les messes qui se célébreront ce jour-là dans la sainte Église romaine.

56. De la communion spirituelle.

Bien qu'on ne puisse recevoir sacramentellement notre divin Sauveur plus d'une fois le jour, on peut, comme je l'ai dit, le recevoir spirituellement à chaque heure, à chaque instant. Cet avantage, rien ne peut nous le ravir, sinon notre négligence ou une faute quelconque dépendant de notre volonté.

Il arrivera parfois que cette communion sera plus fructueuse et plus agréable à Dieu que ne le sont, faute de dispositions convenables, bon nombre de communions sacramentelles.

Lors donc que vous serez disposé à faire la communion spirituelle, vous trouverez toujours le Fils de Dieu prêt à se donner à vous de ses propres mains, pour être la nourriture de votre âme.

Pour vous y préparer, tournez votre pensée vers le Seigneur et, après avoir jeté un regard rapide sur vos fautes, exprimez-lui la douleur que vous en ressentez, et priez-le avec foi et humilité de daigner descendre dans votre pauvre âme pour la guérir et la fortifier contre ses ennemis.

Quand vous vous ferez violence à vous-même pour mortifier une passion ou pratiquer un acte de vertu, faites-le dans le but de préparer votre cœur à Notre Seigneur qui vous le demande sans cesse. Vous tournant ensuite vers lui, conjurez-le instamment de venir avec sa grâce vous guérir de vos blessures et vous délivrer de vos ennemis, afin que désormais il soit seul à posséder votre cœur.

Ou bien, rappelant à votre souvenir votre dernière communion sacramentelle, dites-lui avec un cœur embrasé : *Quand donc, Seigneur, quand pourrai-je vous recevoir encore ? Cet heureux jour, quand viendra-t-il ?*

Si vous voulez faire la communion spirituelle avec plus de dévotion, disposez-vous-y dès le soir précédent en offrant à Dieu dans ce but toutes vos mortifications, tous vos actes de vertu, toutes vos bonnes œuvres.

Et le matin de bonne heure, considérez quel

avantage et quel bonheur c'est pour une âme de recevoir dignement le Saint Sacrement de l'autel, puisque par là elle recouvre les vertus perdues, reprend sa beauté première et participe aux fruits et aux mérites de la Passion du Fils de Dieu. Songez combien Dieu lui-même désire que nous le recevions et que nous possédions tous ces biens et efforcez-vous d'allumer en votre cœur un grand désir de le recevoir, pour vous rendre agréable à ses yeux.

Enflammé de ce désir, tournez-vous vers lui et dites-lui : *Puisqu'il ne m'est pas donné de vous recevoir aujourd'hui sacramentellement, faites, ô bonté, ô puissance infinie, que purifié de mes fautes et guéri de mes blessures, je vous reçoive spirituellement maintenant, chaque jour et à chaque heure du jour, et que j'obtienne ainsi des grâces et des forces nouvelles pour triompher de tous mes ennemis, de celui surtout que je combats actuellement en vue de vous plaire.*

57. De l'action de grâces.

Puisque tout ce que nous avons et faisons de bien est à Dieu et vient de Dieu, nous sommes tenus de le remercier de toutes les vertus que nous pratiquons, de toutes les victoires que nous remportons sur nous-mêmes et de tous les bienfaits, soit généraux soit particuliers, que nous recevons de sa main miséricordieuse.

Pour nous acquitter convenablement de ce devoir nous devons considérer la fin que Dieu se propose en nous communiquant ses dons. Cette considération nous apprendra la manière dont le Seigneur veut être remercié.

Comme, dans tous les bienfaits qu'il accorde, Dieu a principalement en vue d'accroître sa gloire et de nous attirer à son amour et à son service, faites d'abord cette réflexion en vous-même : *Quelle preuve de la puissance, de la sagesse et de la bonté de* Dieu, *que ce bienfait qu'il m'a accordé, cette grâce qu'il m'a faite !*

Puis, voyant que de vous-même vous n'avez rien qui mérite les faveurs de Dieu, et qu'en vous au contraire tout est démérite et ingratitude, vous direz à Dieu avec une humilité profonde :

Comment daignez-vous regarder et combler de vos bienfaits une créature aussi vile que moi ? Que votre nom soit béni dans les siècles des siècles !

Considérant enfin que Dieu vous accorde ces bienfaits pour vous exciter à l'aimer et à le servir, allumez en votre âme un ardent amour pour ce Dieu si aimant, et un désir sincère de le servir en tout conformément à sa sainte volonté. Vous ferez alors une entière offrande de vous-même au Seigneur, de la manière que nous allons dire.

58. De l'offrande de soi-même à Dieu.

Pour que cette offrande soit entièrement agréable à Dieu, nous avons deux choses à faire : la première, unir cette offrande à celle que Jésus-Christ a faite à son Père, la seconde dégager notre volonté de toute attache aux créatures.

Pour la première, vous devez savoir que le Fils de Dieu, lorsqu'il vivait en cette vallée de larmes, ne se contentait pas de s'offrir lui-même avec ses œuvres à son Père céleste, mais qu'il lui offrait en même temps notre personne et nos œuvres. Notre offrande doit donc se faire en union avec la sienne et s'appuyer entièrement sur elle.

Pour la seconde, voyez, avant de vous offrir au Seigneur, si votre volonté est entièrement détachée des créatures : et, si elle ne l'est pas, débarrassez-la d'abord de ses liens. Pour cela, recourez à Dieu et demandez-lui de briser lui-même vos entraves, afin que vous puissiez vous offrir à sa divine majesté, dégagé et libre de toute affection terrestre.

Ce point mérite toute votre attention, car lorsque vous offrez à Dieu un cœur attaché aux créatures, ce n'est pas votre bien que vous offrez à Dieu, mais le bien des autres, puisque ce n'est plus à vous-même que vous appartenez, mais bien aux créatures à qui vous avez attaché votre volonté. Un semblable présent est plutôt une moquerie et elle ne peut que déplaire au Seigneur.

De là vient que l'offrande que nous faisons de nous-mêmes au Seigneur ne produit en nous aucun fruit de vertu, et même qu'elle nous fait tomber en beaucoup d'imperfections et de fautes.

Nous pouvons, il est vrai, nous offrir à Dieu alors même que nous sommes attachés aux créatures, mais c'est à la condition de demander à Dieu qu'il daigne briser nos liens, pour que nous puissions ensuite nous dévouer tout entiers au service de sa divine majesté, ce qu'il faut faire souvent et avec beaucoup de ferveur.

Que votre offrande soit donc pure de toute affection étrangère et de tout attachement à votre volonté propre. Ne considérez ni les biens de la terre, ni ceux du Ciel. N'envisagez que la volonté et la Providence de Dieu, à laquelle vous devez vous soumettre sans réserve et vous sacrifier en perpétuel holocauste. Et oubliant toutes les choses créées, dites-lui :

Voici, ô mon Dieu et mon Créateur, que je remets ma personne et ma volonté tout entière entre les mains de votre éternelle Providence. Faites de moi tout ce qu'il vous plaira durant ma vie, ma mort et après ma mort, dans le temps et dans l'éternité.

Si en parlant ainsi, vous parlez sincèrement (et vous vous en apercevrez au temps de l'adversité), de terrestre que vous êtes vous deviendrez tout spirituel, et vous ferez avec Dieu un échange à jamais heureux : vous serez à Dieu et Dieu sera à vous, car il est toujours à ceux qui se détachent des créatures et d'eux-mêmes pour se donner à lui et se sacrifier à sa divine majesté.

Vous voyez donc, âme chrétienne, un moyen très puissant de vaincre tous vos ennemis, car si par l'offrande de vous-même à Dieu vous vous unissez à lui de manière à être tout à lui et lui tout à vous, quel ennemi sera capable de vous nuire ?

Et lorsque vous voudrez lui offrir des jeûnes, des oraisons, des actes de patience et autres bonnes œuvres, rappelez-vous les jeûnes, les oraisons et toutes les actions que Jésus-Christ offrait à son Père, mettez votre confiance en leur mérite et leur vertu, et offrez-lui ensuite les vôtres.

Si vous voulez offrir au Père céleste les actions de Jésus-Christ en satisfaction de vos offenses, voici la méthode que je conseille de suivre.

Faites une revue générale, et parfois même détaillée, des égarements de votre vie et, convaincu que de vous-même vous ne pouvez apaiser la colère de Dieu, ni satisfaire à sa justice, recourez à la vie et à la Passion de son Fils. Considérez-le dans une circonstance quelconque de sa vie. Voyez-le, par exemple, prier et jeûner, souffrir et répandre son sang, afin de vous réconcilier avec lui et de payer la dette contractée par vos péchés.

Ô Père éternel, dit-il, voilà que, pour être fidèle à vos ordres, je satisfais surabondamment à votre justice pour les péchés et les dettes de N... Que votre divine majesté daigne lui pardonner et l'admettre au nombre des élus.

Présentez alors pour vous-même au Père céleste l'offrande et les prières de son divin Fils, et conjurez-le, par leur mérite, de vous remettre vos offenses.

Vous pourrez suivre cette méthode, que vous passiez d'un mystère à l'autre ou que vous parcouriez les différentes circonstances d'un même mystère, que vous priiez pour vous-même ou que vous priiez pour d'autres.

59. La dévotion sensible et la sécheresse spirituelle.

La dévotion sensible procède tantôt de la nature, tantôt du démon, tantôt de la grâce. Vous en reconnaîtrez l'origine aux fruits qu'elle produira. Si elle ne rend pas votre vie meilleure, vous avez sujet de craindre qu'elle ne vienne du démon ou de la nature et cette crainte sera d'autant plus fondée que vous prendrez plus de goût et de plaisir à cette dévotion, que vous vous y attachez davantage et qu'elle vous donnera une plus grande estime de vous-même.

Lorsque vous sentirez les consolations spirituelles abonder en votre âme, ne vous amusez point à examiner quel en peut être le principe, gardez-vous de mettre en elles votre confiance et de perdre de vue la connaissance de votre néant, mais, redoublant de vigilance et de haine à l'égard de vous-même, efforcez-vous de tenir votre cœur libre de tout attachement, même spirituel, et de ne désirer que Dieu seul et son bon plaisir. De cette manière, la douceur que vous ressentez, dût-elle son origine à l'action de la nature ou du démon, deviendra un effet de la grâce.

La sécheresse spirituelle peut procéder pareillement des trois principes que nous venons de mentionner :

- Du démon qui espère par là nous porter au relâchement et nous faire abandonner les exercices spirituels pour les amusements et les plaisirs du monde.
- De nous-mêmes, qui y donnons lieu par nos fautes, notre attachement aux choses de la terre et notre négligence.
- De l'Esprit Saint, qui nous envoie cette épreuve, soit pour nous avertir d'être plus diligents à nous détacher de tout ce qui n'est pas Dieu ou qui ne tend pas à lui, soit pour nous convaincre, par notre propre expérience, que tout ce

qu'il y a de bien en nous vient de Dieu, soit pour nous faire estimer davantage les dons du Ciel et nous les faire garder avec plus d'humilité et de vigilance, soit pour nous unir plus étroitement à sa divine majesté, en nous faisant renoncer à tout, même aux délices spirituelles, de peur que les aimant trop, nous ne leur donnions une part de ce cœur que le Seigneur veut tout entier pour lui, soit enfin parce qu'il se plaît, pour notre bien, à nous voir combattre de toutes nos forces et mettre sa grâce à profit.

Lors donc que vous sentirez cette sécheresse spirituelle, rentrez en vous-même, examinez quel est le défaut qui vous a fait perdre, non pour recouvrer les consolations de la grâce, mais pour bannir de votre âme tout ce qui déplaît aux yeux de Dieu. Si vous ne découvrez pas en vous ce défaut, efforcez-vous d'acquérir, au lieu de la dévotion sensible, la dévotion véritable qui consiste dans une prompte résignation à la volonté de Dieu.

Gardez-vous bien surtout d'abandonner vos exercices spirituels. Employez au contraire toute votre énergie à les continuer, quelque infructueux et insipides qu'ils vous paraissent, et acceptez de bon cœur le calice d'amertume que vous présente l'amoureuse volonté de Dieu.

Et si la sécheresse est accompagnée de tant et de si épaisses ténèbres spirituelles que vous ne sachiez où vous tourner, ni quel parti prendre, ne vous découragez point pour cela, mais demeurez fermement attaché à la croix, ne recherchez point les consolations terrestres, repoussez-les même, si le monde et les créatures venaient vous les offrir.

Que tous ignorent vos peines, hormis votre père spirituel à qui vous les découvrirez, non pour les alléger, mais pour apprendre de lui le moyen de les supporter conformément au bon plaisir de Dieu.

Ne faites point vos communions, vos prières et vos exercices spirituels pour obtenir de Dieu qu'il vous détache de la croix, mais bien pour acquérir la force dont vous avez besoin pour la porter à la plus grande gloire de Jésus crucifié.

Que si le trouble de votre âme vous empêche de méditer et de prier comme vous le souhaiteriez, méditez le moins mal que vous pourrez.

Ce que vous ne pouvez faire par l'intelligence, efforcez-vous de le faire par la volonté. Servez-vous de la prière, vous adressant tantôt à vous-même, tantôt à votre divin Maître. Vous en retirerez des fruits merveilleux et votre cœur pourra respirer et reprendre des forces.

Dites à votre âme : *Pourquoi es-tu triste, ô mon âme, et pourquoi te troubles-tu ? Mets en D*IEU*, ton espérance, car je le louerai encore : il est le salut de mon visage, il est mon D*IEU (Psaume XLI. 8.)

Pourquoi, Seigneur, vous êtes-vous retiré de moi, et dédaignez-vous de me regarder au temps de ma détresse et de ma tribulation ? (Psaume X., Heb. I.) *Ne m'abandonnez pas pour toujours.* (Ps cxviii. 8.)

Rappelez-vous la doctrine consolante que DIEU révéla à Sara, femme de Tobie, au temps de sa tribulation. Mettez-la à profit et dites de vive voix avec cette servante bien-aimée du Seigneur :

Quiconque vous honore a la certitude que si sa vie est éprouvée, elle sera couronnée, que si elle est dans les tribulations, elle en sera délivrée, que si elle est châtiée, elle obtiendra miséricorde. Car vous ne prenez point plaisir à nos tribulations ; mais après la tempête, vous rendez le calme, et après les larmes et les soupirs, vous répandez l'allégresse.

Ô Dieu d'Israël, que votre nom soit béni dans tous les siècles. (Tobie III. 21-23.)

Rappelez-vous à quel excès de douleur Jésus se vit abandonné, dans le jardin et sur la croix, par son Père céleste lui-même et portant votre croix a son exemple, vous direz de tout cœur : *Que votre volonté soit faite.*

Si vous agissez de la sorte, la patience et l'oraison élèveront la flamme de votre sacrifice jusqu'au trône de Dieu, et vous acquerrez la vraie dévotion.

Cette dévotion, comme je l'ai dit plus haut, consiste à avoir la ferme volonté de suivre, sans hésiter et la croix sur les épaules, notre divin Sauveur, en quelque lieu qu'il nous appelle et nous conduise. Elle consiste à aimer Dieu pour lui-même, et parfois aussi à quitter Dieu pour Dieu.

Si les personnes qui font profession de piété, et les femmes principalement, mesuraient leurs progrès à leur résignation plutôt qu'à leur dévotion sensible, elles ne seraient pas victimes de leurs illusions et des artifices du démon. Elles s'appliqueraient avec plus de ferveur à servir sa divine majesté qui dispose ou permet tout ce qui nous arrive pour sa gloire et notre avantage.

Voici encore une illusion commune chez les personnes du sexe, chez celles mêmes qui s'éloignent avec crainte et prudence des occasions dangereuses. Parce qu'elles sont tourmentées de pensées impures et horribles, parfois, perdent courage et se croient abandonnées et repoussées de Dieu. Il leur semble impossible que l'Esprit

Saint demeure dans une âme remplie de semblables pensées.

Leur abattement devient tel parfois qu'elles sont sur le point de se laisser aller au désespoir et d'abandonner leurs exercices spirituels pour retourner en la terre d'Égypte.

Elles ne savent pas apprécier le don du Seigneur et comprendre que, si Dieu permet qu'elles soient assaillies de ces horribles fantômes, c'est afin de les ramener à la connaissance d'elles-mêmes et de les forcer, par le sentiment de leur impuissance, à s'approcher de lui. Faute de comprendre les vues de Dieu à leur égard, elles se plaignent amèrement de ce qui devrait être pour elles l'objet d'une reconnaissance sans bornes envers la bonté infinie du Seigneur.

Ce que vous avez à faire en ces occasions, c'est de considérer attentivement les inclinations perverses de votre nature. Dieu veut, dans votre intérêt, que vous sachiez combien ces inclinations sont promptes à vous entraîner au mal, et dans quel abîme elles vous précipiteraient, s'il ne venait à votre secours.

Excitez-vous ensuite à la confiance en Dieu. Persuadez-vous bien que, s'il vous découvre le péril, c'est qu'il est prêt à vous venir en aide, que son désir est de vous attirer et de vous unir plus étroitement à lui par la prière et l'invocation de son nom, que, partant, vous lui devez d'humbles actions de grâces.

Tenez pour assuré que ces tentations et ces pensées mauvaises se dissipent mieux par la souffrance paisible de la peine qu'elles vous causent et par une adroite fuite, que par une résistance pleine d'inquiétudes.

60. De l'examen de conscience.

Dans l'examen de conscience, il y a trois choses à considérer :

- les fautes commises pendant la journée,
- leur cause,
- le courage et l'ardeur que vous apportez à les combattre et à acquérir les vertus contraires.

Quant aux fautes commises, vous ferez ce que j'ai dit au chapitre 26, où j'ai parlé de ce qu'il y a à faire, lorsqu'on se sent blessé.

Pour ce qui est de la cause de vos chutes, vous tâcherez de l'abattre et de la réduire à néant.

Pour arriver à ce but, et tout ensemble pour

acquérir les vertus chrétiennes, vous fortifierez votre volonté par la défiance de vous-même, par la confiance en Dieu, par l'oraison, par une application soutenue à vous exciter à la haine du vice et au désir de la vertu contraire.

Tenez pour suspectes les victoires que vous avez gagnées et les bonnes œuvres que vous avez accomplies.

Je vous conseille même de ne pas trop y arrêter votre pensée, pour ne pas vous exposer au danger presque inévitable de vous laisser entraîner à un secret mouvement de vaine gloire et d'orgueil.

Abandonnez-les plutôt entre les mains de la divine miséricorde, et oubliant ce qui est derrière vous, tournez votre regard vers le chemin beaucoup plus long qui vous reste à parcourir.

Quant aux actions de grâces à rendre au Seigneur pour les dons et les faveurs qu'il vous a accordés durant le jour, reconnaissez qu'il est l'auteur de tout bien. Remerciez-le de vous avoir délivré de tant d'ennemis visibles et invisibles et de vous avoir donné des pensées salutaires, des occasions de pratiquer la vertu et tant d'autres bienfaits que vous ne connaissez point.

61. Comment nous devons persévérer dans la lutte et combattre jusqu'à la mort.

Entre les conditions requises pour réussir en ce combat, il faut ranger la persévérance. Nous devons nous attacher à mortifier sans relâche nos passions déréglées, parce qu'elles ne meurent jamais, tant que nous sommes sur la terre, et qu'elles germent incessamment comme de mauvaises herbes.

C'est en vain qu'on voudrait fuir le combat : il ne finit qu'avec la vie, et quiconque refuse la lutte est nécessairement fait prisonnier ou mis à mort.

De plus, nous avons affaire à des ennemis qui nous portent une haine implacable ; nous ne pouvons en espérer ni paix ni trêve, car ils sont d'autant plus acharnés à notre perte que nous recherchons davantage leur amitié. Vous ne devez pourtant vous épouvanter ni de leur puissance, ni de leur nombre : car, en ce combat, n'est vaincu que celui qui veut l'être. Toute la force de nos ennemis est entre les mains du divin capitaine pour l'honneur duquel nous combattons.

Non seulement il ne permettra pas que vous tombiez entre leurs mains, mais il prendra lui-même les armes et comme il est plus puissant que tous vos adversaires, il vous mettra la victoire entre les mains, pourvu toutefois que vous combattiez courageusement à ses côtés, et que vous mettiez votre confiance, non en vous-même, mais en sa puissance et en sa bonté.

Et si le Seigneur tarde à vous donner la victoire, ne perdez pas courage. Songez, pour vous animer au combat, que les obstacles que vous rencontrerez, que toutes les circonstances les plus défavorables et les plus désastreuses en apparence, il les fera tourner à votre profit et à votre avantage, du moment que vous vous comportez en soldat fidèle et généreux.

Marchez donc à la suite de votre céleste capitaine qui a vaincu le monde et a été mis à mort pour vous. Soutenez la lutte avec un cœur magnanime, et poursuivez-la jusqu'à l'entière destruction de vos ennemis ; car si vous en laissiez vivre un seul, ce serait là pour vous comme une paille dans l'œil ou comme une lance au côté qui vous empêcherait de courir à une si glorieuse victoire.

62. De la résistance à opposer aux ennemis qui nous attaquent, au moment de la mort.

Quoique toute notre vie soit ici-bas une guerre continuelle, la journée la plus importante et la plus périlleuse est celle où il nous faudra faire le grand passage du monde à l'éternité. Celui qui tombe en ce moment ne se relève plus.

Le moyen à prendre pour vous trouver à cette heure dans de bonnes dispositions, c'est d'employer le temps que Dieu vous accorde à combattre vaillamment. Celui, en effet, qui combat bien durant la vie se prépare, par l'habitude acquise de la victoire, un triomphe facile à l'heure de la mort.

De plus, pensez souvent à la mort, considérez-la d'un œil attentif ; c'est le moyen de la craindre

CHAPITRE 62

moins, lorsqu'elle se présentera, et d'avoir alors l'esprit libre et prêt au combat. Les gens du monde évitent cette pensée pour ne pas interrompre le plaisir qu'ils prennent aux choses de la terre : tâcher de devoir les quitter un jour serait un tourment pour eux.

C'est ainsi que leur affection désordonnée, bien loin de diminuer, va toujours croissant et lorsqu'arrive pour eux le moment de dire adieu à cette vie et à tant d'objets chers à leur cœur, ils sont en proie à un tourment incroyable et d'autant plus horrible qu'ils ont joui plus longtemps des biens qu'ils vont quitter.

Parfois aussi pour mieux vous préparer à ce moment terrible, représentez-vous seul et sans secours parmi les douleurs de la mort, et considérez les choses que je vais dire et qui pourraient alors vous tourmenter. Puis vous entretiendrez votre pensée des remèdes que je vais vous proposer, afin de vous mettre à même de mieux vous en servir à cette heure de suprême angoisse, car il faut nécessairement apprendre à bien faire une chose qu'on ne peut faire qu'une fois, de peur de commettre une faute à jamais irréparable.

63. Des quatre assauts que nos ennemis nous livrent à l'heure de la mort, et premièrement de la tentation contre la foi et de la manière d'y résister.

Parmi les assauts que nos ennemis nous livrent à l'article de la mort, il y en a quatre qui sont particulièrement dangereux. Ce sont : la tentation contre la foi, le désespoir, la vaine gloire, et enfin les diverses illusions dont ces esprits de ténèbres, transfigurés en anges de lumière, se servent pour nous tromper.

Pour ce qui regarde le premier assaut, si l'ennemi emploie pour vous tenter des raisonnements faux et captieux, laissez là votre intelligence, et recourez à la volonté, en disant : *Retire-toi, Satan, père du mensonge ; je ne veux pas même t'écouter : il me suffit de croire ce que croit la sainte Église romaine.*

Chapitre 63

Fermez, autant que possible, l'entrée de votre âme à toute considération sur la foi, vous semblât-elle de nature à fortifier en vous cette vertu. Regardez-la comme un moyen dont le démon se sert pour engager la discussion.

Si vous n'êtes plus en état de vous défaire de ces pensées, demeurez ferme et ne croyez rien aux raisons que l'ennemi vous alléguera, non plus qu'aux textes de la sainte Écriture qu'il apportera à l'appui de ses insinuations : quelque clairs et décisifs que ces textes vous paraissent, soyez certain qu'ils sont tous tronqués, mal cités et mal interprétés.

Et si le serpent rusé vous demande ce que croit la sainte Église, ne répondez pas. Mais, sachant qu'il veut vous surprendre et abuser de vos paroles, contentez-vous de faire intérieurement un acte de foi vive, ou, si vous voulez le faire dépiter davantage, répondez-lui que la sainte Église romaine croit la Vérité. Et s'il vous demande quelle est cette Vérité, répliquez-lui : *C'est précisément ce que croit l'Église.*

Par-dessus tout, tenez votre cœur attaché à Jésus crucifié et dites-lui : *Ô mon Dieu, mon Créateur et mon Sauveur, venez promptement à mon secours et ne vous éloignez pas de moi, afin que je ne m'écarte pas de la vérité de la foi catholique. Et puisque vous m'avez accordé la grâce de naître dans cette foi sainte, faites que j'y finisse mes jours pour votre plus grande gloire.*

64. De l'assaut du désespoir et de la manière de s'en défendre.

Le second assaut au moyen duquel le malin esprit cherche à nous abattre sans retour, c'est l'épouvante qu'il suscite en nous au souvenir de nos péchés, afin de nous précipiter dans l'abîme du désespoir.

Dans ce danger, prenez pour règle infaillible que la pensée de vos péchés vient de la grâce et qu'elle vous est accordée pour votre salut, lorsqu'elle produit en vous des sentiments d'humilité, de repentir de vos péchés et de confiance en la bonté divine. Mais lorsque cette pensée vous jette dans l'inquiétude, la défiance et la pusillanimité, portât-elle sur des choses vraies et capables de faire croire que vous êtes damné et qu'il n'y a plus pour vous de salut à espérer, regardez-la comme un artifice du démon, humiliez-vous et redoublez de confiance en Dieu. C'est le moyen de vaincre votre ennemi avec ses propres armes et de rendre gloire à Dieu.

Excitez-vous, je le veux bien, au repentir de vos péchés toutes les fois qu'ils vous reviendront à la mémoire, mais que ce soit pour en demander pardon au Seigneur avec une confiance sans bornes dans les mérites de sa Passion.

Je suppose même que vous croyiez entendre Dieu vous dire au fond du cœur que vous n'êtes point du nombre de ses élus, ce n'est pas une raison pour rien perdre de votre confiance en lui. Dites-lui plutôt avec un sentiment profond d'humilité : *Vous avez bien sujet de me réprouver à cause de mes péchés, mais j'ai plus de sujet encore d'espérer que votre miséricorde me les pardonnera.*

J'espère donc le salut d'une misérable créature vouée à la damnation par sa propre malice, mais aussi rachetée au prix de votre sang adorable. Je veux me sauver pour votre gloire, ô mon Rédempteur, et confiant en votre miséricorde infinie, je m'abandonne entre vos mains. Faites de moi ce qu'il vous plaira, pourvu que vous soyez mon unique maître : quand vous me tueriez, je ne laisserais pas d'avoir en vous une inébranlable confiance.

65. De l'assaut de la vaine gloire.

Le troisième assaut, c'est celui de la vaine gloire et de la présomption.
Sous ce rapport, veillez à ne pas vous laisser entraîner, sous quelque prétexte que ce soit, au moindre mouvement de complaisance en vous-même ou en vos actions. Glorifiez-vous uniquement dans le Seigneur, dans sa miséricorde, dans les mérites de sa vie et de sa Passion.

Humiliez-vous de plus en plus à vos propres yeux jusqu'à votre dernier soupir, et si vos bonnes œuvres vous reviennent à la mémoire, reconnaissez que c'est Dieu qui en est l'auteur.

Implorez son secours, mais ne l'attendez point de vos mérites, si nombreuses et si éclatantes qu'aient été vos victoires. Tenez-vous toujours dans une crainte salutaire, et confessant ingénument que toutes vos œuvres seraient inutiles si Dieu ne vous recueillait à l'ombre de ses ailes, vous vous confierez uniquement en sa protection.

Si vous suivez fidèlement ces avis, vos ennemis ne pourront prévaloir contre vous ; et vous vous ouvrirez ainsi le chemin pour passer joyeusement à la Jérusalem céleste.

66. DE L'ASSAUT DES ILLUSIONS ET DES FAUSSES APPARENCES, À L'ARTICLE DE LA MORT.

Si l'ennemi qui s'acharne à notre perte avec une activité que rien ne lasse se transforme en ange de lumière pour vous assaillir de vaines illusions, demeurez ferme et immobile dans la connaissance de votre néant, et dites-lui hardiment : *Retourne, malheureux, dans les ténèbres d'où tu es sorti ; je ne mérite pas d'être favorisé de visions célestes ; je n'ai besoin que de la miséricorde de mon Jésus et des prières de la Vierge Marie, de saint Joseph et des autres saints.*

Eussiez-vous les meilleurs motifs de croire que ces visions vous viennent du Ciel, gardez-vous d'y ajouter foi. Rejetez-les bien loin de vous. Cette résistance fondée sur le sentiment de votre indignité ne saurait déplaire au Seigneur. Si c'est lui qui agit en vous, il saura bien rendre son action évidente à vos yeux ; et vous n'y perdrez rien, car celui qui donne sa grâce aux humbles ne la retire point, quelque acte d'humilité qu'ils posent.

Voilà les armes dont notre ennemi se sert généralement contre nous, à ce moment suprême. En outre, il nous tente chacun en particulier d'après les inclinations auxquelles il sait que nous sommes plus sujets.

C'est pourquoi nous devons, avant l'approche du grand combat, nous armer et lutter vaillamment contre les passions qui nous attaquent avec plus de violence et qui exercent sur nous un plus grand empire, afin de remporter plus facilement la victoire à ce moment suprême qui ne laisse plus d'autre moment après lui, pour le pouvoir faire encore. *Vous combattrez contre eux jusqu'à leur complète destruction.* (Ier livre des rois, ch. XIV. V. 18.).

Copyright © 2022 par Alicia Éditions
Credits Images : www.canva.com, Images libres de droits
https://commons.wikimedia.org/wiki/File:
Il_combattimento_spirituale.png
Création graphique : Alicia Éditions
Modernisation du texte : Alicia Éditions
Tous droits réservés

www.ingramcontent.com/pod-product-compliance
Lightning Source LLC
LaVergne TN
LVHW032203070526
838202LV00008B/300